我在语文现场

崔瑞芬 著

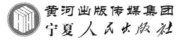

黄河出版传媒集团
宁夏人民出版社

图书在版编目（CIP）数据

我在语文现场 / 崔瑞芬著.－－银川：宁夏人民出
版社，2020.10
ISBN 978-7-227-07278-2

Ⅰ.①我… Ⅱ.①崔… Ⅲ.①中学语文课－教学研究
Ⅳ.①G633.302

中国版本图书馆CIP数据核字（2020）第194864号

我在语文现场
WO ZAI YUWEN XIANCHANG

崔瑞芬　著

责任编辑　白　雪　　闫金萍
责任校对　杨敏媛
封面设计　吴新财
责任印制　马　丽

黄河出版传媒集团
宁夏人民出版社　出版发行

出 版 人　薛文斌
地　　址　宁夏银川市北京东路 139 号出版大厦（750001）
网　　址　http://www.yrpubm.com
网上书店　http://www.hh-book.com
电子信箱　nxrmcbs@126.com
邮购电话　0951-5052104　5052106
经　　销　全国新华书店
印刷装订　青岛国彩印刷股份有限公司
印刷委托书号（宁）0018691

开本　710 mm×1000 mm　1/16
印张　13.25
字数　210 千字
版次　2020 年 10 月第 1 版
印次　2020 年 10 月第 1 次印刷
书号　ISBN 978-7-227-07278-2
定价　49.00 元

在教育现场提升专业素养
（代序）

李冲锋

　　《我在语文现场》是崔瑞芬老师的一部教研成果集，收录了她多年来在语文教育领域辛勤耕耘的成果。这些成果包含课堂片段、文本阅读、选修课课程教学设计、写作探究等多个方面，内容相当丰富。这本书的书名和内容给予我很多启发。崔老师的这本书是在语文教育现场完成的，由此我想到教育现场与教师专业发展的关系。教师专业发展需要不同的场域，职前的师范教育、见习实习，职后的外出培训等都是很重要的场域，但对在职教师而言，教育现场是最直接的专业发展场域。教师要深刻认识教育现场，学会在教育现场提升专业素养。

一、教育现场具有丰富的资源

　　教育现场不仅是指教育教学活动的发生地，也指由此前后延伸的时空，比如教育教学准备的时空、教后反思、研讨的时空等。教育现场是活生生的教育存在，是各种教育资源不断创造、生成的源泉。这些资源丰富多彩，既有教师自身的，也有学生的，还有学校的；既有学科教育的，也有德育的、班主任工作的、学校管理的；既有教学准备的，也有课堂生成的，还有课后反思的……它们是教育教学研究的资源，也是教师专业发展的资源。教育教学资源不断生成、不断涌现，教师成长的机会也不断出现。关键是，教师能否意识到这些资源的宝贵性，能否抓住这些宝贵的资源，善用这些资源，进而转化为专业成长的力量。教育现场是教师专业发展的沃土，教师的专业发展需根植于教育现场，教师要善于充分利用好教育现场资源，使之有效助力专业成长，提升专业素养。

二、教育现场是发展的修炼场

　　教师的专业发展有不同的空间，读书求学时的学习空间、校本研修时的研修空间、外出参会时的会议空间等，这些都有助于教师的专业发展。对在职教师而言，专业发展不仅在书本上的理论学习、他人的指点迷津，还在自我实践的教育现场中。教育现场是教师专业发展的修炼场，教师在这个修炼场里摸爬滚打、提炼升华、实现自我。教师的专业发展要扎根于教育现场。在这里，教师把所学的理论运用于实践，把对教育教学的理解转化为具体的做法，把自己的教育思想内化为实际的教育活动。在这个过程中难免有不足、难免出现失误、难免产生错误，这些都不可怕，要有直面的勇气和改善的跟进，经过反思之后，改进、纠偏、弥补，在不断探索与完善中持续提高教育教学质量，同时也不断提升自己的专业发展水平。从知识的角度看，教育教学活动既需要教师的显性知识，也需要教师的默会知识，而默会知识主要是在教育现场中生成。教师的课感、对问题的敏感、处理事情的掌握感等都是在教育现场中磨炼出来的。在教育现场中生成教育智慧，又反哺到教育现场中去，在如此循环往复的过程中实现专业水平的螺旋式上升。

三、在教育现场提炼教育思想

教师的专业发展不仅需要终身学习，不断汲取吸纳、持续提升，还要日常反思，不断总结归纳、提炼升华。成熟教师或优秀教师一定有自己对教育教学独特的认识，进而形成自己的教育思想。这些认知、这些思想哪里来？当然是从教学实践中来，从教育现场中来。教育现场是教育思想的"萌芽地"，是教育思想的"孵化场"，也是教育思想的"实验田"，还是教育思想的"展示厅"。教师对自己的教育实践、教学经验不断反思，持续改进，归纳梳理，总结提升，进而凝练出教育思想，形成教学风格，产生教育影响，最终成就教师的职业生涯。

四、在教育现场积累教研成果

教师最大的教育成果当然是学生的成长，此外，还有一种重要成果，即教研成果。教研成果孕育于教育现场，也在教育现场中发展、完成。教研成果根植于教师个人的教育教学实践，具有独特性，也具有特殊价值，它既具有鲜明的个人色彩，同时也是教育大潮中不可缺少的点滴存在。教师要珍惜教育现场生成的资料，及时记录、深刻反思、细致归纳、高度概括，长此以往，就会慢慢积累出属于自己的教研成果。当积累到一定程度，就可以结集出书了。

崔瑞芬老师的这本书，就是她多年来扎根语文教学现场，不断探索，不断修炼，充分利用各种教育资源，坚持积累的结果。这本书的内容虽然有些"散"，而这种"散"恰恰是她抓住日常教育教学工作的点滴进行深入思考、不断积累的结果，也是持之以恒、不懈努力的见证。荀子云："不积跬步，无以至千里；不积小流，无以成江海。"日积月累，长期坚持，日不见其多，而数量已累，月不见其长，而积功已深。所谓积少成多、聚沙成塔、集腋成裘、厚积薄发是也。这本书可谓是多年积累，一朝结集，何其喜也！

崔老师坚持点滴思考、不断积累的过程，也是专业不断发展、水平持续提升的过程。她曾在《语文学习》《现代语文》等期刊发表多篇论文，参与编写《语文学科知识与教学能力》《高中文言文译注与赏析》等书籍，并出版诗集《大沽河的水与月》。这些成果的取得都与她在语文教育现场的努力密不可分。

崔老师的做法带给教师专业发展的启发是：教师要善做有心人、用功人，把教育现场作为专业发展的修炼场，努力提升自己。把课堂教学的精彩片断记录下来，把对文本阅读的感悟记录下来，把对教育教学的思考记录下来，这记录中就会有探索、有品位、有反思、有成长。不断的记录，不仅是在积累资料，也是在积累成果、积累成长。成长往往都是在慢慢积累中，不知不觉完成的，当蓦然回首时，忽然发现竟已至此，厚积薄发、水到渠成。

经过长时间积累之后，把教研成果梳理归类、结集出版，这是对自己教师职业生涯的阶段性总结，也是把成果公之于众、奉献社会的一种方式，同时也是下一个阶段努力的起点。我想，这部书于崔瑞芬老师也会是这样的，是一个阶段的总结，也是新阶段的起点。

相信崔老师会继续在教育现场持续修炼的，期待她下一部著作的问世！

2020年7月3日
于七星海畔卧书公室

目 录

第一章　课堂片段

第三章　选修课课程教学设计

第四章　写作探究

第一章 课堂片段

提着竹篮为哪般？

——《祝福》片段

"我"回到鲁镇，再次见到祥林嫂：……她一手提着竹篮。内中一个破碗，空的……

师：文中描述祥林嫂"提着竹篮"，而文中插图——古元作的木刻《祥林嫂》（山东人民出版社必修三第58页）中，是用胳膊"挎着竹篮"，古元并没有尊重鲁迅先生的意思。"提着"和"挎着"，你认为哪个好？

（学生讨论）

生：老师，我觉得"挎着"好。这幅木刻凸显了祥林嫂横在胸前的左手，骨瘦如柴，青筋暴突，关节肿大。如果用"提着"就表现不出祥林嫂已经走到末路的情形了。因此，用"挎着"好。

生：我也认为"挎着"好，因为是木刻，很直观，"挎着"更符合这种艺术的风格，突显了手干瘦的特点，而"提着"就达不到这种效果。

师：刚才两位同学分析得有没有道理？（不少学生说有道理。）那么照这两位同学的意思，鲁迅先生用"提着"一词是不恰当的了，我们是否可以将鲁迅笔下的"提着"改为"挎着"？

（学生认真思考）

生：我想是不可以改的，因为鲁迅先生是大家，语言拿捏得很准确。（学生笑）我记得初中课文《孔乙己》结尾，写到"大约孔乙己的确死了"。按照逻辑推理，"大约"与"的确"矛盾，但在鲁迅先生的笔下，就非常有道理了。由此类推，"提着竹篮"也应该有深意。（学生笑）

师：好一个"有深意"！

师：我们看这幅木刻，祥林嫂挎着竹篮，露出干瘦如柴的手，带给大家视觉上的冲击。但是，竹篮呢？显然被我们忽视了。而鲁迅先生笔下的"提着竹篮"，手和竹篮是一个整体，不可分割。在祥林嫂看来，竹篮是非常重要的，非提不可。鲁迅于此应该有什么深意呢？

师：文中除了此处写"竹篮"，还有别处吗？

（学生翻书）

生：祥林嫂第二次到鲁镇四叔家，"桌上放着一个荸荠式的圆篮，檐下一个小铺盖"。

生：祥林嫂叙述阿毛遭狼的过程里，两次提到"小篮"："我""拿小篮盛了一篮豆，叫我们的阿毛坐在门槛上剥豆去"；阿毛被狼吃了，"手上还紧紧地捏着那只小篮呢"。

生：四婶听完祥林嫂不幸的遭遇，"她想了想，便教拿圆篮和铺盖到下房去"。

生：第四处就是："但她还妄想，希图从别的事，如小篮，豆，别人的孩子上，引出她的阿毛的故事来。"

师：有"篮子"的地方共五处，大家想一想：祥林嫂"提着的竹篮"和"荸荠式的圆篮"是不是阿毛手上捏着的那只小篮呢？

生：就是。阿毛的小篮，是她痛苦的悔恨。如果她没有用小篮盛了一篮豆让阿毛剥，阿毛就不会遭狼，她觉得自己真的很傻。提着篮子就好像阿毛还在，祥林嫂不会将小篮扔掉的，她提着的竹篮应该就是。

生：我认为，祥林嫂第二次到四叔家拿的"圆篮"就是阿毛捏过的小篮。祥林嫂再次到四叔家，她拿着一个小铺盖和一个圆篮，可是她将小铺盖放在檐下，将圆篮放在桌子上，可见，对圆篮很珍视。圆篮里不可能放钱啊之类的东西，她在贺家坳仅仅待了两年，贺老六死了，只有她和阿毛相依为命，过得很艰难。既然不是钱物，那这个圆篮就是阿毛死时手上捏的小篮。但竹篮是不是小篮，我就不确定了。

师：为什么不确定？

生：时间过得也太久了。我算过，从阿毛死到祥林嫂老，其间八九年时间。这么长时间一个小篮能不坏或被丢掉？

生：我认为祥林嫂提着的竹篮是不是阿毛手上捏着的那只小篮并不重要，重要的是这个篮子被寄予的深意。在情节设置上，像祥林嫂再次到四叔家和"我"回到鲁镇看见沦为乞丐的祥林嫂这两处，完全可以不必出现荸荠式的圆篮和竹篮这些细节，但是作者却着重描述了这些细节。为何？篮子是阿毛死时没有忘记母亲嘱咐的明证，是至今还留有阿毛余温的唯一东西；在祥林嫂心中，是最值得记挂和珍重的。那只小篮，可能早破了或丢了；但祥林嫂得找那么一只篮子，随手提着。

师：是不是那只小篮，的确不是问题的关键。"小篮""圆篮""竹篮"……篮子，不仅仅是一件物什，更是满载了祥林嫂对阿毛深深的思念。

师：鲁迅先生想通过"提着竹篮"四个字，告诉我们祥林嫂的悲剧命运——只有一只竹篮可以慰藉。

（本文发表于2016年《语文学习》第7期）

泪光点点，背影闪闪

——《背影》片段

师：请同学们圈画出文中描述作者流泪的句子。

生1：共四处。第二段中"不禁簌簌地流下眼泪"，第六段中"我的泪很快地流下来了"和"我的眼泪又来了"，最后一段中"在晶莹的泪光中"。

师：一共有四处。文中后三处的流泪都与题目《背影》有关，我们一起来品读。

师："我的眼泪很快地流下来了。""很快地"意味着什么？

（师提示：请认真阅读，注意上下文语境。）

生2：表明"我"内心很难过。"父亲是一个胖子……蹒跚地走到铁道边，慢慢探身下去，尚不大难。可是他穿过铁道，要爬上那边月台，就不容易了。"父亲买橘子很不容易，那吃力的背影，表明了父亲的老态与无力，"我"内心难过，很快流下了眼泪。

生3：意味着作者非常感激父亲。"他用两手攀着上面，两脚再向上缩；他肥胖的身子向左微倾，显出努力的样子。"从描写可以看出，父亲虽动作笨拙却努力攀爬，为什么呢？是为了自己的儿子啊！那时"我"已经二十岁了，年老的父亲把"我"当作小孩子，为"我"买橘子，为"我"操心。因为非常感激父亲，"我"很快流下了眼泪。

生4："我"强烈地感受到父亲操持这个家是多么的不容易。前文说到"家中光景很是惨淡"。有亏空，只好变卖典质；祖母去世没钱发丧，只好借钱；父亲的差使也交卸了，没有经济来源。在这种情形之下，橘子可不买，而父亲没有忘却做父亲的责任。此刻，"我"猛烈地意识到父亲的不易，很快流下了眼泪。

师：作者在下文中写道："我赶紧拭干了泪。"如果将"赶紧"二字去掉，可以吗？

生5："怕他看见"，不愿意让父亲看到"我"的软弱。当"我""看见满院狼藉的东西，又想起祖母，不禁簌簌地流下眼泪。"父亲说："事已如此，不必难过，好在天无绝人之路！"父亲是坚强的，不希望自己的儿子软弱。如去掉"赶紧"二字，不能体现出"我"的想法。

生6：我"也怕别人看见"，有自尊心，男儿有泪不轻弹！如果去掉"赶紧"二字，体现不出"我"强烈的自尊感。

师：两位同学说得好！"赶紧"一词，表达出我复杂的感情。

师："我的眼泪又来了"的原因是"等他的背影混入来来往往的人里，再找不着了"。作者为何写"他的背影"，而不写成"他"呢？

生7："我"连父亲的背影都找不着了，更何况是父亲本人！"我"无比空落。

生8："背影"找不着了，是否意味着再也见不着面了。"我"恐慌、悲伤。

生9：作者开头第一段写道："我最不能忘记的是他的背影。"此处写作"他的背影"，与开头呼应，再次扣题。不能换成"父亲"。

师·当读到父亲的来信时，"我"泪流满面。

师：我们齐读这封信的内容。

（生齐读）

师：最后一段写了这封信，还写了其他内容。如果将"近几年来"至"惦记着我的儿子"这部分内容删掉，行不行？

生10：不行。文中写道："他少年出外谋生，独力支持，做了许多大事。哪知老境却如此颓唐！"对父亲粗线条的介绍很有必要，让我们知道了父亲一辈子过得很艰辛，经历过许多磨难。作者流泪主要在于父亲一生困苦，绝不单单因为一封家书。当然，家信是引子、导火线。

生11：我认为不能删掉。"家庭琐屑便往往触他之怒"，可见父亲暴躁易怒；"他待我渐渐不同往日"，可以看出父子关系并不和谐。但"他终于忘却我的不好"，这怎么不让作者感到愧疚呢？！父亲是不完美的，但爱孩子的心却不容置疑，"只是惦记着我，惦记着我的儿子。"这些内容让我们看到了父亲的不完美，看到了父亲爱子之真心，是不能删掉的。

生12：不能删掉。"父亲和我都是东奔西走，家中光景是一日不如一日。"作者在社会上打拼，体味到了生活艰辛与不易，于是与父亲产生了情感的共鸣。从年轻时的"总觉得他说话不大漂亮""心里暗笑他的迂"，到年纪大些能理解父亲，作者从"父亲"的立场与父亲产生了共鸣，所以这部分内容不能删掉。

师："我""在晶莹的泪光中，又看见那肥胖的、青布棉袍黑布马褂的背影。"父亲的背影即使笨拙又矮小，都让"我"难以忘怀。背影闪闪，泪光点点，拳拳思父之情融于其中。

如何理解"贱俘"一词

——《陈情表》片段

《陈情表》是李密作为臣子写给晋武帝的一封信，信中自称"臣""孙""贱俘"。"臣""孙"容易理解；"贱俘"一词，我们该如何理解呢？

师：李密当时是怎样的处境？

（板书：处境）

生1："亡国"，蜀被晋灭亡了。

师：李密处境孤独凄苦，那老师要问问大家：李密为何不自称"民"，而称"俘"？

（学生思考）

生2："皮之不存，毛将焉附。"蜀已灭亡，李密虽没被囚禁，但从战争意义上来说，已是俘虏。古人云：胜者为王，败者为寇。所以个能自称"民"。

生3：自称"俘"，有怀念蜀汉之意；而"民"表达不出自己的立场和心情。

师：哦，"怀念蜀汉"，有证据吗？

（板书：怀念）

老师PPT展示：（李密）少仕蜀，为郎。数使吴，有才辩，吴人称之。（选自《晋书·列传》）

生4：李密"少仕伪朝，历职郎署"，"不矜名节"。"少"，年轻之意，可见他在蜀国做官时间很长；"郎署"，郎官的衙署，李密曾做过郎中和尚书郎，官职并不低；"不矜名节"，不顾惜任何名声和节操，意为李密在蜀做官积极，屡次出使吴国。由此可见，李密从心底很难一下子割断对蜀的怀念。

师：刚才你提到"不矜名节"，假如李密在晋朝做官，他会不会"不矜名节"？

生5：会的。假如李密到晋朝"矜名节"了，那么就表露出他忠于蜀汉、不愿侍奉晋武帝的意愿。李密强调他从蜀汉做官起就"不矜名节"，恰恰表明他怀念旧朝，只是面上打消晋武帝的疑虑罢了。

生6：我再来补充一点。（生笑）李密的祖母刘"夙婴疾病"，在李密于蜀任职时，就需要侍奉，那他怎么做的呢？"未曾废离"。既然在蜀国可以做到尽孝、尽忠两不误，那到晋朝怎么就做不到了呢？怎么就要先尽孝呢？显然李密有怀旧情结，不愿出山，侍奉祖母只是借口。

师：念旧思故，要推测原因的话，是什么？

生7：李密对晋灭蜀有怨恨之心。

师：我们应该注意李密在文中的用语——"圣朝""伪朝"，李密都这么称呼了，你怎么还能认为他"怨恨"呢？

（板书：怨恨）

生7：老师，晋武帝已命他为太子洗马了，而且"诏书切峻"，李密为什么不赴命呢？（生笑）而且李密在蜀可是"不矜名节"的呀。

生7：据我了解，李密认为汉主刘禅是一个"可次齐桓"的人物，这样的君主，李密肯定会学管仲尽心辅佐。没承想，蜀却被晋灭了，那他肯定不服气。

师：你对历史了解挺多，很好。

生7：古人做官，追求"一仆不事二主""忠臣不事二君"这样的境界。晋对李密不薄，想要重用他；如果李密马上抛弃蜀，投入晋的怀抱，势必为天下人所不齿。这个"俘"字，透露出他的怨恨之情。

（板书：心境）

师：刚才是从李密的处境和心境来理解"俘"这个称呼。处境造就心境，亡国使他怀念蜀国而怨恨晋朝。

师："俘"前面还有一个"贱"字，大家注意到没有？而且文中多次提到相近的词，请同学们找出，然后讨论李密为什么"自贱"。

（学生思考，讨论）

PPT展示内容：清代吴楚材、吴调侯《古文观止》"晋武帝览表，嘉其诚款（款：恳切。），赐奴婢二人，使郡县供祖母奉膳。至性之言，自尔悲恻动人"。

生8：有"猥""微贱""至微至陋""愚"等。

生9：还有"犬马"。

师：请大家各抒己见，原因何在？

生10：李密极尽卑微鄙陋，"至"字可见一斑，这极大地满足了晋武帝的权威欲和虚荣心，晋武帝能不高兴吗！（生笑）

生11：李密要达到不出仕的目的，须表现出对晋武帝感激涕零、诚惶诚恐的态度；否则伴君如伴虎，是要杀头的。

生12：李密最后说"臣不胜犬马怖惧之情"，以犬马自比，你晋武帝就是我主子，主宰我的命运，你呵令一声，我岂敢不听？"犬马"二字既反映出李密对晋武帝的忠诚和甘心效力的态度，又毫不掩饰地表达出其恐怖、惧怕的心情。

生13：晋武帝"嘉其诚款"，是李密的态度——惶恐和诚恳赢得了这个赞誉。一个"贱"字淋漓尽致地刻画出了李密"诚款"至极之态。

（板书：怖惧、诚款）

师：是啊，李密越自贱越谦卑，就越能让晋武帝找到"君临天下"的威严感和皇恩浩荡的满足感。

师：相传孔子编写《春秋》，记叙历史事件时，暗含褒贬，微言大义，委婉地表达出作者的主观看法。这种写法被后人称为"春秋笔法"或"微言大义"，是使用语言的艺术。后代文人墨客多用这种笔法。李密用"贱俘"之类的词，在掩饰的同时，委婉地传达出自己真实的想法和情感——怀念、怨恨、怖惧和诚款，这无疑是对"春秋笔法"的发扬光大。

著一"那"字，尽得风流

——《听听那冷雨》片段

老师要求学生带着一定的任务，朗读课文四遍：第一遍，读准字音和句子；第二遍，梳理每段内容，圈画出关键词句；第三遍，厘清写作思路，概括全文大意；第四遍，体味作者情感。

（下面的课堂片段发生在学生读完第四遍课文之后。）

师：题目《听听那冷雨》中，为何不是"这"冷雨，而是"那"冷雨呢？

生1：作者在第一段描写了"这冷雨"！由眼前现在的"这"冷雨追忆过去历史中的"那"冷雨。从这到那，有时间在流淌。

生2："那"还指距离远。"这冷雨"指近前的，而"那冷雨"已经穿越到另一个空间。用"那"拓展"雨"的范围空间。

师：两位同学总结得好。一个"那"字，使冷雨有了时空交错感。

著"那"字：时间转换

师："那"冷雨，是什么时候的？作者为什么要听"那"时候的冷雨？

生3："二十五年"，"一切都断了"，连雨也隔着千山万山，只能听。作者笔下的冷雨，是那二十五年中的。表达了"与那一块土地久违了"的伤感之情。

生4：第二段中"杏花春雨江南，那是他的少年时代了"，将"雨"推到了少年时代，"春雨"伴着美妙的杏花，多么美好；但是"只是杏花春雨已不再"，甜蜜中交织着无限惆怅。

生5：第七段中"十年前"，"他"将记忆拉近了点，一场摧心折骨的鬼雨中，他迷失了自己。即使是英雄，经过三番五次风吹雨打，也会感到凄楚、凄迷。

生6：结尾一段，"二十五年"再次强调，作者由少年到中年，深深的记忆与"厦门街的雨巷走了二十年"等长。表达了作者对故乡、中国乃至古中国的眷念之情。

师：刚才同学们分析的"那"冷雨，是作者人生经历中的。难道作者只写了这些吗？

（学生思考）

生7：第一段中，"整部中国的历史"一直是这样下着雨。由"雨"引出"中国历史"。

生8：第五段中，作者细嗅雨气，"也许古中国层层叠叠的记忆皆蠢蠢而蠕"。嗅雨，嗅到古中国记忆。

生9：那冷雨在中国古诗文里，"杏花春雨""剑门细雨渭城轻尘""商略黄昏雨"；在蒋捷《虞美人·听雨》，王禹偁《黄冈竹楼记》，《诗经》的韵里，可谓源远流长。由"雨"联想到古诗文。

生10：还在中国方块字里。一个方块字一个天地，"雨"字，视觉上有美感，意义上有深蕴，寄托了汉族的心灵和祖先的回忆、希望。由"雨"谈及汉字。

生11：也在中国山水画里。"那山水却是米家的山水"，韵味无穷。

生12：又在中国音乐里。"雨打在树上和瓦上，韵律都清脆可听。尤其是铿铿敲在屋瓦上，那古老的音乐，属于中国。"听冷雨，听出了只属于中国的音乐，怎能不思念万千呢！雨与音乐融为一体。

生13：更在中国的历史里。听雨，听出了"残山剩水"：南宋末代皇帝"勒马洲"，"那天下也许是赵家的天下"，"三打白头听雨在僧庐下，这便是亡宋之痛"，"二十多年前，初来这岛上，在日式的古屋里听雨"。中国的历史里，到处都是凄风冷雨。

师：同学们所找的冷雨，浸润在中国古诗文、方块字、山水画、音乐、历史里。

师：一个"那"字，将冷雨融进了作者的人生经历和整部中国历史，从少年到中年，从古代到现在，一片凄凉、凄迷。

著"那"字：空间转换

师："那"冷雨，是哪个空间的？作者为什么要听"那"空间的冷雨？

生14：第二段中，"不是金门街到厦门街，而是金门到厦门"，空间由每天回家必经的街道拓展到台湾岛，再拓展到包括"江南、常州、南京、川、五陵"在内的整个中国。作者笔下的冷雨，是中国"那"每个角落的，意在表明作者思念之广。

生15：第七段中，"大陆上的秋天，无论是疏雨滴梧桐，或是骤雨打荷叶"，作者从岛上的初春到大陆上的秋天，又从梧桐到荷叶，跨度大，意境远。

生16：在岛上，日式的瓦屋听雨；在古老的大陆上，千屋万户是如此；在江南的泽国水乡，千百头蚕啮桑叶，零落坟头奏挽歌。从日本岛到古老大陆再到江南，空间转换，意在表明作者的思念之深。

生17：作者曾在美国的落基山上觅景，但是无意趣，仍须回到中国。两个空间进行比较，作者认为中国山水是最美最亲的——是风景还是一幅画，谁也说不清楚。

生18：作者结尾有一句"古屋不再"，与前面"公寓的时代来临，台北你怎么一下子长高了"对应了起来，"古屋"被"公寓"取代，空间的变化使雨失去了乐器，失去了美妙的感觉，怎能不让作者怀念古屋里听的那冷雨呢？

师：其实，作者在本文第一段中也谈及了空间方面："大寒流从那块土地上弥天卷来，这种酷冷吾与古大陆分担。""吾"与"古大陆"共处一空间，融为一体，无限广阔。一个"那"字，将冷雨洒向了整个中国大地，饱含了漂泊在外游子的思乡思国之情。

师：同学们说得好。作者用一个"那"字，以时间为经线、空间为纬线，密密地织了一场冷雨，洒了一地。"无论赤县也好神州也好中国也好，变来变去，只要仓颉的灵感不灭，美丽的中文不老，那形象，那磁石一般的向心力当必然长在。"我们当以余光中先生的话共勉。

对对联，品藤叶

——《最后一片藤叶》片段

老师根据文本内容拟一副对联的上联：一片最后藤叶，任凄风苦雨，傲挂枝茎。请同学们根据文义对出下联。现就其中三条下联一起交流讨论。

PPT显示三位学生拟定的下联：

生1：一位失败艺人，任耻笑辱骂，舍己为人。

生2：半盏残油枯灯，纵风吹雨打，爱照心田。

生3：三个贫苦画家，凭友情信念，勇斗肺炎。

师问生1：你拟定的下联，主人公是贝尔曼。其中的"失败"从文中哪里看出？

生1：在课文的三十段中，说贝尔曼在艺术上是个失意的人。他耍了四十年的画笔，仍同艺术女神有相当距离，连她的长袍的边缘都没有摸到。所以说是"失败"的。

师：原文是"失意"，你认为是"失败"，两词是一个意思吗？

生1：差不多吧。（生笑）

生3：我认为"失败与失意"有区别。"失意"从文中可以见出：贝尔曼总说要画一幅杰作，但是25年了，角落的画架上一直绷着一幅空白的画布；除了偶尔涂抹一些商业画或广告画之外，几年来没有画过什么；只是替"艺术区"里那些雇不起职业模特儿的青年艺术家充当模特儿，挣几个小钱。他在画界并不得志，显得落寞失意。但他不是失败者，最后的常春藤叶不是他的杰作吗？（掌声）

师：你的阐释让我想起了史铁生对地坛所做的总结："园子荒芜但并不衰败。"请套用这个句式概括一下贝尔曼。

生3：贝尔曼，失意但并不失败。

师问生1：下联里有"舍己为人"这个词，课文里有表现吗？

生1：老贝尔曼是两位艺术家的"看家凶狗"，常常充当她们的艺术模特；为了挽救琼珊的生命，感染肺病而死。这表现出老贝尔曼舍己救人的精神。

生1：还有，贝尔曼说："总有一天，我要画一幅杰作，那么我们都可以离开这里啦。"他不是自己离开，而想把苏艾和琼珊也一并带走，帮助她们。

师：我听你刚才着重读了"杰作"两个字。我们回头找找文章出现了"杰作"这个词几次？

（有的学生说三次，有的说四次，有的说五次。）

师：大家再仔细找找。

（学生齐声说"五次"）

师：一个词在文章中反复出现，是作者的有意为之。那么作者为什么要强调"杰作"一词？

生4：起强调作用。前四次是贝尔曼自己说的，只是"杰作"这么个概念，是贝尔曼一直追求的理想；最后一次是苏艾说的，是真正的作品——一幅藤叶画，是贝尔曼生命的杰作。

师：贝尔曼一直嚷嚷着要画一幅"杰作"，我们感觉贝尔曼有些自负。但真正画完之后，却是从苏艾口中说出的杰作。那到底是什么样的杰作呢？

生4：用善良和生命凝成的杰作。

师："舍己为人"之杰作。

师：大家对对联的功夫越来越深了。但请注意一点，上联出现的字下联不应重复出现。如上联是"一"，下联要对"三、十、百、千"等等。

师：第二位同学将"一"对成"半"，非常工整。"半盏残油枯灯，纵风吹雨打，爱照心田。"

师问生2："残油枯灯"从何而来？

生2：最后一段，"后来，他们找到了一盏还燃着的灯笼"。灯笼居然还燃着，说明贝尔曼画了一夜，"灯"象征了希望、信念，"还燃着"则象征了他的信念温暖如灯，照亮人间。

师：象征手法，"灯"有深层意蕴。

师：文中"他的鞋子和衣服都湿透了，冰凉冰凉的"又说明了什么？

生2：说明"最后的藤叶"是在风雨中完成的，全身淋透而且花费了他很多时间。

师："从原来地方挪动过的梯子""散落的画笔"呢？

生2：梯子挪动过，说明贝尔曼画画的地方很高；画笔是散落的，不是整齐的，说明他很艰难地画完。这正与"爱照心田"照应起来。如果贝尔曼不是源自内心的真爱、大爱，怎能将残油枯灯般的生命化作希望的藤叶！

（掌声）

师：前两位同学，下联的对象都是贝尔曼；而这位同学将三个画家集合到了下联中。"三个贫苦画家，凭友情信念，勇斗肺炎。"

师：其关键词是"贫苦"和"信念"，请同学们思考讨论，有无道理。

（学生思考，讨论）

师：贝尔曼是重要人物，那么苏艾、琼珊呢？许多同学拟定的下联，都是以贝尔曼为主人公。而文章一至二十九段还没有出现贝尔曼呢。根据你们的意思，一至二十九段是没用的，干脆去掉？

生5："贫苦"一词，写出了三个画家的处境，是为后文贝尔曼的出场所做的铺垫，因此不能去掉。

师：请拟定下联的同学站起来说说吧。

生3：或许正是因为穷苦，所以他们才建立了牢不可破的友情，他们互相依靠，互相照顾，互相信任。贫苦让相同命运的人们惺惺相惜，是友情让他们产生共鸣。文章也明确点出了"友情"这个主题。"当她与尘世和友情之间的联系一片片地脱离时……"（掌声）

师：老师想请一位同学朗读最后一段，读出贝尔曼对琼珊的友情。（生6读，掌声）

师："末了"中"了"读"le"，还是"liǎo"？（学生齐声读"liǎo"）那我请这位同学再读读"后来"到"看看墙上最后的一片叶子"整个句群，将"末了"读作"mò liǎo"，感觉是不是更到位。（生6再读，掌声）

师：老师受这位同学的感染，也想朗读最后一段。（生笑，掌声）

（师朗读，学生掌声一片）

师：下联中还出现一个词——"信念"。"信念"，是生命的信念。小说将"生命的信念",物化为一个可感的可见的事物——叶子。叶子,在凄风苦雨、贫穷疾病的打击中,摇曳飘落,像极了一个人的生命逐渐走向末路的样子。叶子在墙上,为贝尔曼提供了创作的机会,使他25年来一直要创作一幅杰作。所有这一切相得益彰,构思切合巧妙,信念战胜了病魔。

　　师:"最后一片藤叶",不仅仅是一片叶子,更象征了梦想、信念和生命。

　　师:请同学们大声朗读文章的最后一段,体会这一片常春藤叶。

　　(学生深情地大声朗读)

"哈哈哈"就此结束了一切，合理吗？

——《套中人》片段

《套中人》里："这一串响亮而清脆的'哈哈哈'就此结束了一切：结束了婚事，结束了别里科夫的人间生活。"

师："哈哈哈"结束了别里科夫的人间生活，这符合道理吗？请同学们细读文本，深入思考，然后讨论交流。

（学生阅读、思考）

生1：作者用了夸张手法，夸大瓦连卡"哈哈哈"笑声的杀伤力，像用匕首直接杀死了别里科夫，很幽默。这合乎契诃夫的小说风格。

师："哈哈哈"的杀伤力，从文中哪里能看出来？

生1：原文说："这在别里科夫却比任何事情都可怕"，"不愿意成为取笑的对象"。别里科夫害怕，一直叨念着："千万别闹出什么乱子啊！"这下，自己倒闹出乱子来了，仅是笑声已足以置他于死地！

师："杀伤力"体现在别里科夫打破了自己的"套子"。

师："套子"一直是别里科夫用心制造的，从外到里。"哈哈哈"打破了他的什么套子？

生：（齐声）爱情套子。

师：怎么打破的？

生2：别里科夫认为"婚姻是终身大事，人先得估量一下将来的义务和责任"，这无可厚非，但是他"时时刻刻在估量"，未免又成了"套子"，让他"通宵睡不着觉"，"害病"一样，这样他迟早会死。"哈哈哈"只是最后一刀。

师：爱情非但没让别里科夫幸福，反而耗费了他大量精力。

师：使别里科夫"害病"的套子，不止有爱情，还有哪些？

生3：把他的思想也极力藏在套子里，"思想套子"。

生4：凡是违背法令、脱离实际、不合规矩的事，都惹得他垂头丧气，"精神套子"。

生5：只有政府的告示和报纸上的文章，其中写着禁止什么事情，他才觉得一清二楚，"制度套子"。

师：思想、精神、法令制度，还有权力方面的。

师：别里科夫"总是心慌意乱"，那他周围的人有什么表现？

生6：透不出气。

生7：变得什么都怕。不敢大声说话，不敢发信，不敢交朋友，不敢看书，不敢周济穷人，不敢教人念书写字……总之，一切都不敢。全城都受他辖制！

生8：有思想的正派人，也屈服，容忍这种事。

师：周围人都被别里科夫装上了套子。

师：但是只有瓦连卡姐弟不是"套中人"。瓦连卡动不动就发出响亮的"哈哈哈"的笑声；柯瓦连科更是不理别里科夫那一套，给他起外号，骂他是"告密家伙"，并推他滚下楼。

生10：我发现，"哈哈哈"是对抗"千万别闹出什么乱子来"的手段，象征一种打破套子的武器。

师：具体说说是什么"武器"。

（学生一时语塞）

师："套子"限制了人们的思想，人们已不会思考，不会反思。就像"铁屋子"里被禁锢的人，麻木愚昧，完全不知外面还有阳光和新鲜空气……

（有学生举手）

生11：老师，是不是课文倒数第二段里的"自由"呀？

师：对，你读得很细致。"自由"是一种武器。大家数数这段连写了几个"自由"。

生：（全体回答）五个。

师：我们齐读一遍倒数第二段。（读毕）

师对生12说：你读一读"啊，自由啊，自由！……"这几句话。（生12读完）

师：请同学点评一下。

生13：读得有点慢，应该快一些，读出一种对"自由"的渴望。另外，"只要""一点点""一线"等词应该重读，读出强调的意味。

师：你尝试读一读。

（生13读，学生鼓掌）

师：哦，有了自由就有希望，人就有灵魂。

师：说到底，是"自由""希望"和"灵魂"结束了别里科夫的人间生活！

师：刚才同学说的"哈哈哈"是对抗"千万别闹出什么乱子来"的手段，二者水火不容，那么别里科夫与瓦连卡怎么能萌生爱意呢？

生14：别里科夫的恋爱，主要是太太们撮合的。先是别里科夫给太太们装上套子，后来太太们又给别里科夫装上爱情套子，互相辖制。

师：别里科夫的有些套子，是别人给装上的。他也是各种套子的牺牲品。

生15：原文中说"这是因为必要的事大家都根本不做"。"必要的事"不包括撮合别里科夫婚事这件事，"不必要的事"当然包括互相装套子、互相辖制的事。他们不做必要的事，而做不必要的事。他们是一个个"别里科夫"，愚蠢麻木，互相捉弄！

师：你理解得深刻！别里科夫尝试给瓦连卡姐弟"装套子"，碰壁！这才猛然发现"自由"是多么强大无敌！

师：别里科夫是被自己的"套子"折磨而死掉，是被当时社会"法令制度"结束了生命。作者安排"自由"与"专制"恋爱，最后"自由"杀死了"专制"，寄托了作者对自由的向往。埋葬了一个别里科夫，可是还有许多"别里科夫"，争取自由之路曲折而漫长。

师："不，再也不能这样活下去了！"最后借小说结尾之语与大家共勉。

给汪曾祺先生的诗歌拟定题目

——《昆明的雨》片段

汪曾祺先生在《昆明的雨》篇尾，写了一首诗：

> 莲花池外少行人，
> 野店苔痕一寸深。
> 浊酒一杯天过午，
> 木香花湿雨沉沉。

这首诗没有题目，要求学生们拟定题目，并根据文本写出理由，课上交流讨论。下面是五位学生所写的内容。

生1：我拟定的题目是《闲听雨落》。作者写下这首诗，还原了四十年前昆明雨天的情景。我和德熙早晨去莲花池，这时雨又下起来了，我们就到小酒店避雨，要了一碟猪头肉和半市斤酒，一直坐到午后，"浊酒一杯天过午"。他们两人一边悠然闲聊，一边欣然赏雨，好不惬意！为什么题目中要用"听"字？酒店院子里有一架大木香花，把院子遮得严严的，作者更多的是听到雨落之声，看到的只是被雨淋湿的木香花，这在诗中也有体现：木香花湿雨沉沉。因此我拟定了这个题目。

生2：我的叫《念雨》。"昆明的雨"是作者想念的。文章细数了昆明雨的特点：下下停停，明亮，丰满，浓绿，使人动情，让人舒服。总之并不使人厌烦。昆明的雨滋养了万物，尤其那些草木，譬如极肥大的仙人掌、品种多的菌子、杨梅果子、缅桂花、木香花等。特别对四十年前跟德熙坐在酒馆里赏雨的情形和情味，念念不忘，作者不由得写下了这首小诗。我的题目突出一个"念"字。

生3：我的叫《浮世清欢》。所谓浮世，指人世间浮沉聚散是不定的。

"莲花池外少行人"，"莲花池"里塑了着比丘尼装的陈圆圆的石像。传说陈圆圆随吴三桂到云南后出家，暮年投莲花池而死。这陈圆圆的身世，着实让人感慨！作者四十年前在西南联大，当时社会动荡不安，能在"苔痕一寸深"的小酒店赏赏雨聊聊天，实在暂得了弥足珍贵的清欢！这让作者在四十年后还很怀念。因此，我拟定的题目是《浮世清欢》。

生4：《雨味》，为什么我起这个题目呢？作者很喜欢昆明的雨，他在文章中说了两遍"我想念昆明的雨"。昆明的雨，给他带来了哪些味道呢？牛肝菌色如牛肝，滑，嫩，鲜，香，很好吃；鸡㙡，味道鲜浓，无可方比；干巴菌，这东西这么好吃；鸡油菌，没什么味道；杨梅，一点都不酸；缅桂花，很香；木香花，肯定很香；还有浊酒，猪头肉……昆明的雨带来那么多味道，怎能不让作者念念不忘呢！作者再次品尝昆明的雨味，实际上是怀念四十年前的昆明和那段不平凡的日子。"雨味"能表达出作者的感情。

生5：我的叫《忆雨愁香》。"忆"字呼应了文中"四十年后，我还忘不了那天的情味，写了一首诗"这句话。虽然是"忆"，但作者用笔还原的情形，就像发生在我们眼前那样真切。真是忘不了！"愁"是乡愁，作者说"雨，有时是会引起人一点淡淡的乡愁的"，这"愁"淡淡的，并不浓。作者当时在西南联大，客居他乡，有思乡之情。但是昆明的雨，使人动情，让人舒服，冲淡了愁情，暂得一时的安宁和愉悦。小酒店院子里一架大木香花，有数不清的半开的白花和饱胀的花骨朵，被雨水淋得湿透了，发出幽幽的香气，使乡愁也浸润了香气。由此我拟定的题目是《忆雨愁香》。

苏轼借助困境实现蜕变

——《念奴娇·赤壁怀古》片段

师：当你勤奋工作多年却被炒鱿鱼时，你很快会重新思考到底什么是员工忠诚；当你的亲人去世或得知自己的生命有危险时，你会重新调整优先考虑的事项；当你努力学习了考试成绩却差得让人惊讶并遭到太多批评，你会反思自己的学习态度和方法……困境让人迷茫徘徊，迫使人们反思并改变习以为常的想法。

遭遇"乌台诗案"，被贬黄州，困境之中，苏轼游览了赤壁之战古战场，写就《念奴娇·赤壁怀古》，从文中你能体味出苏轼思考了些什么？

一、历史与现状

师：谁先起来谈一谈？

生1："遥想公瑾当年"，苏轼想到了周瑜周公瑾。

师：周瑜是怎样的人？

生1："雄姿英发，羽扇纶巾"，周瑜束装儒雅，气度不凡；"谈笑间，樯橹灰飞烟灭"，周瑜临战从容，年轻有为。

师：周瑜指挥吴刘联军战胜八十万曹军，年仅34岁。刚才我们讨论的是赤壁之战中的周瑜，为何写"小乔初嫁了"？

生2：当年东吴孙策迎请周瑜，授予他"建威中郎将"的头衔，并一同攻取皖城；不久，周瑜娶了小乔。自古以来有美人嫁英雄的美谈，用小乔侧面衬托周瑜风姿洒脱，年轻有为。

师：哦，知人论世！周瑜在这首词中的总体形象就有了。苏轼困苦落寞之中想到了周瑜，他为什么如此羡慕周瑜，而非他人？

（学生思考）

生3：苏轼被贬黄州、落魄失意的现状跟战功赫赫的周瑜形成强烈反差。

生4：这种反差，恰恰表现出苏轼对困境的反思，他对朝廷一直忠心耿耿，却因诗文讽喻新法而遭贬谪，不能像周瑜那样施展才干，为国效力，这是对现实的讽喻。周瑜的忠心得到认可，而自己因为忠心遭贬谪，对比强烈。因此，苏轼特别羡慕周瑜。如果苏轼没有遇到人生的困境，也未必能羡慕周瑜。

师：是困境让他借助周瑜来反思现状。

生4：周瑜火攻曹军，指挥作战，赢得胜利。关键是因为孙策、孙权重用周瑜。苏轼现在身处困境，纵有天大的才能，也无用武之地。这也是对现实的讽喻。我想，苏轼特别羡慕周瑜，主要是对当权者重用周瑜的良好社会环境的向往。苏轼现在已经失去被重用的机会，特别羡慕周瑜，否则就不会产生这种反思。

师：苏轼借用周瑜对自己47岁之前的忠心进行反思，对现实困境重新思考。概括起来，落脚在历史与现状。

二、理想与实际

师：苏轼还想到了什么？

生5："人生如梦"，苏轼感叹人生的短暂和虚无。

师：哦，"虚无"怎么理解？

生5：苏轼面对如画的江山，感到自己很渺小；被贬黄州，与战功赫赫的周瑜相比，不免伤感自己一事无成。"虚无"归根到底是对实际不允许实现理想的无奈。

师：当一个人生活事业比较顺利的时候，很少有强烈的虚无感。苏轼回首过去，免不了有这种感觉！

师：你再说说。

生5："虚无"还可理解为作者对"虚度光阴"的感受。从"早生华发"句可以看出。

师：大家刚才谈论的"人生如梦"，是苏轼思想消极的表现吗？

（学生有点头的，有摇头的）

师：谁起来谈谈自己的看法？

生6：人生如梦，经常听周围的老人说起；在中国古代文学作品里，也有提及。我想苏轼在47岁的年龄，发出这句感慨，是正常的，不是消极的。

生7：我认为有消极情绪，苏轼被贬黄州，才在作品里发出这种感叹。与年轻有为的周瑜对比，对现实感到无奈！周瑜的人生是他渴望的理想啊。当然，这种消极情绪，并不是没有好处，恰恰看出苏轼反思深刻。

生8："一尊还酹江月"，还是放眼大江、举酒赏月吧！如果"人生如梦"有些消极情绪，那么最后一句完全表现出作者对一切的释然。

师：历史与现状，理想与实际，经过尖锐冲突之后，苏轼将其铸成"千古绝唱"——《念奴娇·赤壁怀古》。苏轼在黄州还写了《前赤壁赋》《后赤壁赋》《定风波·莫听穿林打叶声》等大量经典作品，他因"穷"而后"工"，借助困境实现蜕变。

看似闲笔，绝非闲笔

——《藤野先生》片段

《藤野先生》第一课时，师生疏通文义并分析人物藤野先生；第二课时，再深入文本，理解作者所抒发的情感。以下内容是第二课时的课堂片段。

师：上节课，我们一起疏通了文意并探讨了人物——藤野先生；文中还有一些内容跟藤野先生没有直接关系，我们没有一起品读，如开头第一段至第五段"先到东京再到仙台的经历"，第二十九段至三十一段"电影事件"。老师有一个疑惑：题目是《藤野先生》，那么鲁迅先生为什么要写与藤野先生没有关系的这两部分内容？

（学生思考）

师：找两位同学分别朗读一到五段和二十九到三十一段。其他同学认真听并圈点勾画，思考刚才老师提出的问题。

（两生读毕）

生1：我圈点"日暮里。不知怎地，我到现在还记得这名目"这两句。"日暮里"是驿站名称，有中国地名的味道。这引起鲁迅先生对祖国、家乡的怀念。

师："日暮"一词，典自哪一首古诗？

生1：崔颢的《黄鹤楼》："日暮乡关何处是？烟波江上使人愁。"（老师用PPT出示《黄鹤楼》整首诗）鲁迅先生独自到仙台，处境孤独凄凉，驿站"日暮"唤起鲁迅先生的思乡之情。藤野先生对他无微不至的关心和照顾，温暖了他。这几句话，为下文写藤野先生做铺垫。

生2：我圈点第五段。这一段，鲁迅先生写了到仙台后遇到优待，并猜测原因是"物以稀为贵"。鲁迅先生为什么要写这些内容呢？他到仙台，孑然一身，忐忑不安——那儿的人会怎样待他。后来发现，他遇到的仙台人没有民族歧视，待他蛮好的。为下文写藤野先生人品好，做了铺垫。如没有铺垫，会令读者感到很突兀。

师：其他同学还有要发表的吗？

生3：我圈点一、二两段。一、二两段主要写了鲁迅先生到东京留学，发现"清国留学生"没有真正学习，而是赏花跳舞，虚度光阴。鲁迅先生不喜欢他们，离开东京到了仙台。从这还是为下文在仙台遇到藤野先生做铺垫。

师：哪些语句可以看出鲁迅先生不喜欢他们？

生3："实在标志极了。"从这话能感觉出作者的厌恶之情。

师："标致"本来是一个褒义词，譬如，你周边的某朋友长得很标致。这是赞美。鲁迅先生将"标致"用在清国留学生身上，显然是正话反说。除了这个词，还有哪些词？

生4："油光可鉴""宛如小姑娘的发髻"。

师：第一段开头第一句是："东京也无非是这样。"我举个简单例子，譬如小红品德好，小明品德也好。"也"字出现，前面要有相似的意思或情形做铺垫。在说"小明品德好"之前，已经有"小红"做铺垫，才能用"也"字。同理，鲁迅先生写东京的清国留学生不务正业，是以哪里做铺垫？

生5：老师，是南京。

师：哦，说说你的理解。

生5：鲁迅先生1902年从南京的矿路学堂毕业，为了找到前路，就到日本留学。鲁迅先生是个狂热的爱国者，他到日本是为了寻求救国的真理。

师：谢谢你，能把老师发的材料认真地阅读。是的，鲁迅先生在《朝花夕拾》的《琐记》篇里有所叙述，他从南京毕业之后，"结果还是一无所能"，希望渺茫，苦苦求索的结果就是到外国去。因此，远渡日本，寻求救国真理。在东京，鲁迅先生同样感到失望，一样乌烟瘴气。然后决定到仙台学医。从学采矿到学医，鲁迅先生实现了第一次转变。为什么学医呢？鲁迅先生曾说过："我确实知道了新的医学对于日本维新有很大的助力。"

（PPT显示此句）

师：二十九段到三十一段呢？

生6：我圈点二十九段开头第一句。

师：请大声朗读一遍。

（生读）

生6：被怀疑是因为得了教员漏泄出来的题目而考试及格，鲁迅先生由个人遭遇想到了国家的贫弱。如果换作是我，我可能只憎恨学生会干事的道德败坏。可见鲁迅先生骨子里很爱国。

师：在仙台，鲁迅遇到的日本人并非都如藤野先生一样。"他们"跟藤野先生形成鲜明对比。"他们"为什么会疑惑"中国人分数在六十以上，便不是自己的能力了"？

生8：在"看电影事件"里，鲁迅先生描绘了一个场面，里面有无聊的"看客"。

师：他们做了什么事？

生8：看日本军枪毙中国人的场面并喝彩，没有同情心和耻辱感。

师：哎！"我看见那些闲看枪毙犯人的人们，他们也何尝不酒醉似的喝彩。""闲"和"酒醉"，刻画出看客的愚昧麻木，他们四肢健全，可是精神堕落麻木。"清国留学生"们不久也会沦为看客。怎么办？"我的意见却变化了。"鲁迅先生青年时期实现了第二次转变——

生齐声答：弃医从文。

师：我们齐声朗读PPT上的内容。

"因为从那一回以后，我便觉得医学并非一件紧要事，凡是愚弱的国民，即使体格如何健全，如何茁壮，也只能做毫无意义的示众的材料和看客，病死多少是不必以为不幸的。所以我们的第一要著，是在改变他们的精神，而善于改变精神的是，我那时以为当然要推文艺，于是想提倡文艺运动了。"（生读）

师：如果没有藤野先生，就不会有鲁迅先生的转变。鲁迅在二十多年后，还写文感谢藤野先生，并将其视为榜样，不断地写一些为"正人君子"所深恶痛疾的文字。

师：这两部分内容，看似闲笔，绝非闲笔。

亲情，流淌在课堂上

——《我不是个好儿子》片段

老师提出主问题：作者贾平凹到底是不是个好儿子？然后组织学生讨论，现撷取几个学生的精彩发言。

生1：我认为作者不是个好儿子，他做得不够好。第三段，作者说父亲去世了，只留下母亲孤单一人。按常理他应该经常回家看看，可是只寄钱给母亲。"寄走了钱，心安理得地又投入到我的工作中了，心中再没有母亲的影子。"乡下的母亲并不需要太多的钱，即使她有钱，也舍不得花；"你们都精精神神了，我喝凉水都高兴的"，只要孩子常回家跟母亲唠唠嗑，吃顿饭就行了。这样看来，作者并不是一个好儿子。

生2：作者不是个好儿子。儿女最大的孝顺是不让父母操心。第一段中写到，对打骂孩子，母亲最不能忍受，孩子不哭，她却哭。打骂孩子，最起码不要当着老人的面。再者，"子不教父之过"，打骂孩子是最没能耐的表现！（生笑）第六段中一句话"当知道我已孤单一人"，作者好像是离婚了。这个事我就更不能理解，（生笑）婚姻不幸，做父母的能不牵挂心痛？！自己的家庭生活让母亲操心，作者不算个好儿子。

生3：我不同意他们的观点。如果作者不是个好儿子，就不会写这篇文章了。（生笑）只有意识到自己做得不够好，才会写这篇文章。就比如社会中那些不养老的人，他们本没有意识到自己的不孝，也不会自责和内疚。作者坦诚地说："给母亲寄钱并不是我心中多么有母亲，完全是为了我的心理平衡。"试问，敢于剖析自我私利之心并昭然于天下的，九州之大，能有几人！（生鼓掌）所以说，作者是个好儿子。

生4：是不是个好儿子，要看子女能否实现父母的期望。第二段，作者写道："她的老实、本分、善良、勤劳在家乡有口皆碑。"母亲的品质，作者继承了，忍了该忍的事，什么委屈和劫难都可以受得。如此看来，作者就是一个好儿子。

生5：我认为作者就是一个好儿子。虽然他不能时时刻刻守在母亲身边，但是他用另一种方式尽孝——寄钱，这足够了。毕淑敏在《孝心无价》中写道："赶快为你的父母尽一份孝心，也许只是含有体温的一枚硬币——孝的天平上，它们等价。"假如，作者抛弃自己的事业，每时每刻守在母亲身边，那也不是真正的孝；天下的母亲绝不会自私自利到让自己的儿子抛弃事业和家庭一直守在自己身边。孝与不孝，关键在于是否有孝心。作者真心尽孝，是个好儿子！

…………

（学生妙语连珠，场面热烈。这是贾平凹的真情感染了学生，使学生与文本产生了共鸣。）

师：今天我对你们所持的观点不做评判，等十年之后甚至更长时间，当你们为人父为人母时，对这篇文章会有更深刻的解读，对作者的情感会有更透彻的理解。

由"鄙"字说开去

——《曹刿论战》片段

师：同学们请看这个"鄙"字。课下注释为"鄙陋，这里指目光短浅"，此义为引申义，大家知道"鄙"字最初造字时的本义吗？

（学生沉默）

师："鄙"字，右耳偏旁。右耳，由"邑"字化来。"邑"，甲骨文字形，上部是一个代表围墙的方框，而下部是面朝左跪着的人，整个字是表示上古人聚居之地。（在黑板上画出甲骨文字形）如王安石的《伤仲永》篇里有句："日扳仲永环谒于邑人。""邑"就是城镇之意。由右耳偏旁组成的汉字大都与城镇、地名有关。"鄙"，古代称都邑四周的土地为"鄙"。后来引申为边疆，边远的地方。再引申到人身上，形容此人"浅陋，目光短浅"，如自谦"鄙人"等。

师：请在注释边上填上"鄙"的本义。

（学生写毕）

师：在此文中，曹刿认为谁鄙？

生齐声道：肉食者。

师：也包括鲁庄公吗？

生齐声道：是——

师：鲁庄公"鄙"在哪些地方？请大家从原文找出来。

（学生圈点课文）

生1：曹刿问鲁庄公凭靠什么作战，他回答道："衣食所安，弗敢专也，必以分人。"鲁庄公认为，衣食这类养生的东西，他不敢独自享受，将分给别人。曹刿认为鲁庄公凭借小恩小惠笼络人心，就可以作战了。这也太目光短浅了。

师：噢，"小惠未徧，民弗从也"。

生2：鲁庄公认为祭祀用的祭品，他不敢虚报。凭这个，就能作战。曹刿回答道："小信未孚，神弗福也。"这个也属于小把戏。（生笑）由此看出鲁庄公的"鄙"。

师：以上是从战前论战，看出鲁庄公的"鄙"，那么在整个战争过程中呢？

生3：战争一开始，鲁庄公想"鼓之"；齐国军队大败之初，鲁庄公想"驰之"。他未察敌情，贸然进攻；未看敌况，贸然追击。这些都表现了鲁庄公的"鄙"。（生鼓掌）

师：同学们找的内容非常准确。老师再请同学们想想：长勺之战实力弱小的鲁国取得胜利，如果鲁庄公一味地"鄙"，能取得历史上以少胜多战役的胜利吗？

生4：老师，他还有不"鄙"的地方！战前，曹刿问凭什么作战时，最后他回答道："小大之狱，虽不能察，必以情。"曹刿认为凭这一点"取信于民"，就可以跟齐国作战了。鲁庄公因平时所做赢得了民心。战争时民心向背，是胜负的关键。由此看来，鲁庄公不"鄙"。（生鼓掌）

师：所言极是！天时地利人和，关键还需要"人和"！

生5：战争结束后，国君往往大庆三天，哪管什么原因呀！（生笑）可是鲁庄公还询问曹刿，不让他"鼓之""驰之"的原因，我认为这是难能可贵的！就像我们班同学××一样，得了一百分，还要整理试卷进行反思，能不进步吗？（生笑）鲁庄公的做法，让人敬佩，根本不"鄙"！

师：鲁庄公不"鄙"的地方，原文中还有吗？

（学生沉默，一时无人回答）

师：曹刿是"肉食者"吗？

生齐声道：不是，是"乡人"。

师：哦，乡巴佬。（生笑）那鲁庄公作为一国之君，竟然言听计从一"乡人"。作战时，曹刿"未可""可矣""未可""可矣"，鲁庄公没有任何疑问，这岂不是咄咄怪事？

生6：老师，这正说明鲁庄公不"鄙"，他善于用人，只要有能力为国效力，就可任用，即使曹刿是一介草民。

师：国难当头，匹夫有责。假如鲁庄公不用曹刿，不善于察言纳谏，就不会取得长勺之战的胜利。鲁庄公不一定会带兵打仗，不一定能出谋划策；但会用人会纳谏就是明君。这恰恰表现出鲁庄公不"鄙"。

师：鲁庄公的"鄙"与曹刿的"不鄙"形成对比，鲁庄公的"鄙"与鲁庄公自己的"不鄙"形成对比。本文对比强烈，刻画出了鲁庄公知人善用的明君形象和曹刿忠诚爱国的贤臣形象。

师：请同学们大声朗读课文，体会鲁庄公和曹刿的形象特点。

橘子洲头，壮怀激烈

——《沁园春·长沙》片段

师：《沁园春·长沙》是毛泽东于1925年填写的一首词。当时，毛泽东离开故乡韶山，去广州主持农民运动讲习所，途经长沙，重游橘子洲，感慨万千，写下了这首词。

师：毛泽东对长沙这个地方很有感情，早年曾在此求学和从事革命活动。本词通过描写长沙的景物，抒发自己的革命豪情。请问同学们：哪些词语或句子能够表达出作者的理想？

（学生思考两分钟）

学生1：我找到了上阕最后三句："怅寥廓，问苍茫大地，谁主沉浮？"作者用了设问手法，但是绝非在问，答案已经明确。作者认为自己是主宰整个苍茫大地之人。这是何等的自信！这种浩然之气充塞了整个天地，振聋发聩！

师：你试着读出作者的自信！

（生1读毕。老师在节奏与语气上进行指导。）

学生2：我找的一句是——"鹰击长空"。

师：你认为这一句能体现出作者的理想，为什么？

学生2：作者用了"鹰"这个意象，凶猛而有力量。试想，如果将鹰换成麻雀之类的鸟，会有为理想而奋斗的力量感吗？能有击打长空的霸气吗？还会表达出作者年轻气盛、意气风发的情怀吗？不会的。所以作者用"鹰"这个意象，来表现自己要像鹰一样成为整个天空统领者的壮志。

师：同学恰当地说出鹰的形象特征。你尝试读一读。

（生2读毕，老师指出要重读"击"这个词。）

生3："指点江山，激扬文字，粪土当年万户侯"这一句，最能诠释作者的志向。作者立足点不只限于个人的功名利禄，而是整个国家的江山名川和人民百姓。毛泽东藐视权贵，把万户侯当作粪土一样看待。此种豪情，此等胸怀，怎不令人称道？

师：你尝试读一读。

（生3试读这三句，高亢而豪迈。学生掌声）

生4：我认为是"曾记否，到中流击水，浪遏飞舟？"这三句话，表达了作者要做中流砥柱之人，激起的浪花能阻止飞逝的小船。毛泽东是个游泳健将，更是一个伟人，将整个江山交给这样一个人，怎能不安全，怎能不稳固？

（老师要求生4读，生4读毕。老师指导：要重读"遏"字，最后一句不要犹豫怀疑，要坚定高扬。学生再读。）

师：在作者眼中，整个长沙的秋天，毫无一般文人笔下的衰败萧瑟之象，完全是绚丽、阔远和欣欣向荣的景象。绵延千里的万山红遍，树木一层层都被染红；连绵万里的长江水清澈碧透，鱼儿在水底快速地游来游去，好不畅快；天空高远湛蓝，鹰倏忽而下，自由自在，无拘无束，天地间的万物在风霜雪雨中都在争取过一种积极向上的生活。这完全颠覆了传统文人眼中秋天的况味，而变成像春天般温馨而充满生机。一个有理想有追求的人即使他面前是万顷波涛、千山万壑，也挡不住他的热情和激情。橘子洲头，壮怀激烈！

"凭谁问：廉颇老矣，尚能饭否？"
到底该怎样读?

——《永遇乐·京口北固亭怀古》片断

生1朗读完《永遇乐·京口北固亭怀古》之后，老师要求其他学生点评。

生2：老师，我不同意他读最后一句"凭谁问：廉颇老矣，尚能饭否？"的声调，太低沉了。我觉得应该读得高亢些。作者以廉颇自喻，很自然地想起当年廉颇在战场上叱咤风云的雄姿，心情也会澎湃激昂些。读时，应该高亢。

师：你尝试读出辛弃疾的高亢之情。

（生2读完）

生1反驳道：作者以廉颇自喻，读时声调必须沉郁！课下注释（教材是山东人民出版社出版的《普通高中新课程实验教科书》必修四）写道：现在还靠谁来问一下，廉颇老了，饭量还可以吗？作者以廉颇自比，意思是南宋朝廷无人关心像自己这样年老而有经验的抗金志士，以此抒发不被重用、报国无门的惆怅之情。所以我觉得应该读得低沉些。

师：二位同学说得各有道理。其他同学再结合上下文语境、关键字词、写作背景、感情、风格等等，来谈谈此处到底该怎样读。

生3：我感觉作者吟此句时，是悲伤的。作者具有廉颇那样的杀敌卫国之志和雄才胆略，只可惜，没有伯乐。当时君主昏庸无能，懦弱胆小，权落旁臣，偏安南方，作者内心是多么的悲伤啊！所以要近似哀嚎地读。

（生笑）

师：知人论世，好。

生4：老师，我觉得这儿应该亢奋地读。前文已形成一个读的小高潮，"四十三年，望中犹记，烽火扬州路。"（生4读）这一句是作者回忆当年抗金杀敌时扬眉吐气之景，怎能不亢奋？现在又被起用，任京口知府，施展自己抱负的机会来了，又怎能不亢奋？

师：你用亢奋的调子读一读。（学生热烈掌声）

生5：老师，我也认为此处应该读得亢奋些。但理由跟他的不同。我看您发的材料说这首词属于"豪放派"。忧愁中更见豪迈激昂，所以读时应该慷慨激昂。

师：能从整首词的风格来把握，站得高，看得就远。你试着读一读。

（生5读毕，掌声一片）

生6：我认为此处应该读得既不高亢也不低沉，是疑惑、迷茫。因为从您课前发的材料来看，辛弃疾这次被起用，已是第N次了。（生笑）起用是起用，但并没被重用啊。这次，辛弃疾担心自己又像上几次那样竹篮打水一场空，因此用一个"？"号，表示怀疑和担心。

师：你理解的"疑惑、迷茫"，跟其他同学体会的有些不一样。用什么声调和情感来读，主要决定因素是作者辛弃疾抒发了什么情感。

生7："？"号，在我的印象里，要么表示疑问，要么表示反问。在"凭谁问：廉颇老矣，尚能饭否？"里，肯定不是反问，那么就表示疑问。作者隐居三十多年，对世事已洞察很深。廉颇那么大年纪君主还派人去问问，我跟廉颇一般年龄，君主能不能来问问我真实的想法呢？其实从您发的材料看，韩侂胄并不是真心想用辛弃疾，只是将他们这些老臣当作一些招牌，来达到自己巩固权势的目的。北伐最终的失败就是明证。所以，我同意"担忧、迷茫"论断。

生8：老师，我感觉作者是一种无奈，就是那种"无可奈何花落去"的无奈。你想想，当权者韩侂胄，企图以北伐来巩固自己的地位，他为的是一己私利，并没有为整个国家着想。而辛弃疾为的是整个国家的安危。"道"不同，怎么能不让辛弃疾感到无奈？

师：你对作者的写作背景理解得透彻。

生9："凭"字，是依靠的意思，"凭谁问"，是"还依靠谁来问问"的意思。也就是说，辛弃疾想知道廉颇老没老，已经没人知道。用一"凭"字，表达出辛弃疾"确定"之意。也就是廉颇没老，辛弃疾没老。这句词，应该读得"坚定"一些。表达出辛弃疾"老骥伏枥，志在千里"的壮怀。

师：你试着坚定地读一读。

（生9神情严肃、坚定，仿佛走进了辛弃疾的内心世界，读毕，赢得大家一片喝彩）

师："凭谁问：廉颇老矣，尚能饭否？"这一句，在全词结尾，写尽爱国词人辛弃疾无比复杂的心情，有迟疑、无奈、愤懑，也有慷慨、激昂，可谓百味杂糅，百感交集。

哪些地方能反映人类心灵共同感知的东西？

——《哦，香雪》片段

1985年铁凝到美国参加交流会，会上有一个美国青年要求其讲一讲《哦，香雪》，被当场拒绝。为什么呢？铁凝认为外国人理解不了大山沟里贫穷女孩的想法。在美国青年一再请求之下，铁凝三言两语概括了故事的梗概，出乎意料，在场的人包括美国青年都能理解。究其原因，是《哦，香雪》表达了人类心灵共同感知的东西。

于是课堂上设计了这样一个主问题：小说哪些地方反映了人类心灵共同感知的东西？

（提示：可以从环境、火车、铅笔盒等物象及人物角度考虑。）

（学生先读书思考，然后再讨论交流。）

生1：台儿沟贫弱、贫穷、落后、闭塞，像香雪一样十五六岁的女孩们，有走出台儿沟的愿望，她们很好奇外面的世界。

师：台儿沟的女孩们对外面的世界充满好奇，不会满足眼前的现实。这种愿望是不是铁凝所说的人类心灵共同感知的东西？

生齐声答：是——

师：谁还要发言？

生2：外在环境往往决定人的想法，如果台儿沟不贫弱，也就不能激起香雪们对火车、铅笔盒、发卡等东西的好奇和追逐。贫穷的生活促使人们不断追求，这也是人类心灵共同感知的东西。

生3："火车"，是女孩们争相追逐的对象。火车给台儿沟打开了外面的世界，带来铅笔盒、发卡、金圈圈和比指甲盖还小的手表。"火车"是女孩们梦想、希冀的出发点。

师："火车"这一物象，寓意深远，象征现代文明。对现代文明的向往，也是人类心灵共同的东西。

生4：还有物象——铅笔盒。一群女孩子，只有香雪上了初中，是有点知识和文化的人，她喜欢的东西应该跟其他女孩子不一样。铅笔盒也有象征意义，寓意"文化"。

师：香雪有其他女孩子所不能比的，已上初中；她喜欢的东西，有其个性特点。"有时她也抓空儿向他们打听外面的事，打听北京的大学要不要台儿沟人，打听什么叫'配乐诗朗诵'。"香雪对更高级文化的追求，已不是台儿沟所能给予她的了。

生5：香雪宁肯被母亲埋怨，也要用一篮子鸡蛋换回铅笔盒，有执着追求的精神。

生6：香雪很自尊。上初中，班里同学笑话台儿沟人每天吃两顿饭、自制木头铅笔盒。当香雪换回带磁铁石的铅笔盒时，"明天上学时，她多么盼望她们会再三盘问她啊！"从这可以看出，香雪有自尊心。

师：人人都有自尊心，只是或强或弱。像香雪这样，盼望被人瞧得起，应该是人类心灵共同的东西。

生7：农村的女孩子，纯洁、善良、朴实。我认为这也是人类心灵共同感受到的东西。

师：是啊，有位作家说过：在女孩子们心中埋藏着人类原始的多种美德。《红楼梦》里贾宝玉则说，女孩儿是水做的。

师：我们分角色朗读一下第十页"七点钟，火车喘息着向台儿沟滑过来"这一段到第十一页"快开车了，她们才让出一条路，放他走"这一段。有请李××同学，你说北京话，你再找四个女生分别扮演"香雪""凤娇""被埋怨的姑娘""又一个姑娘"，其他同学齐读旁白。

（生读，掌声一片）

师：请同学点评一下。

生8：咱班同学将女孩们的性格给读了出来。"凤娇"泼辣，"香雪"温和，"被埋怨姑娘"直爽，"又一个姑娘"有强烈的好奇心。

生9：李××将"北京话"读得准确，把北京皇城根下人的高傲、爱怜给读了出来。难能可贵的是，改了原文语言，加了一些儿化音，有浓郁的京腔京味。

师：这几位同学不仅读出了台儿沟姑娘们的性格特点，还加入了自己的创作，很好！

师：在夜归的路上，香雪想了许多。请找出来，加以赏析。

生10："台儿沟一定会是这样：那时台儿沟的姑娘不再央求别人，也用不着回答人家的再三盘问。火车上的漂亮小伙子都会求上门来，火车也会停得久一些，也许三分、四分，也许十分、八分。"（生10读）在香雪的未来规划里，台儿沟不再贫弱、自卑，会不断富裕起来，自信起来，这是香雪的梦想。

生11："她要告诉娘，这是一个宝盒子，谁用上它，就能一切顺心如意，就能上大学、坐上火车到处跑，就能要什么有什么，就再也不会被人盘问她们每天吃几顿饭了，就再也不会叫人瞧不起……"（生11读）香雪对知识文化的渴望可见一斑，她朴素的愿望，只是坐上火车到处跑，不再被同学瞧不起。香雪让我感到心酸。相比她们，我不仅拥有铅笔盒，还拥有其他许多的东西，可是却不知珍惜，惭愧。（生鼓掌）

师：香雪力争从贫弱的现实中挣脱出来，创造美好的未来，难能可贵！从香雪身上，感悟当下生活，能理解自己的生活状态，这也是人类心灵共同的东西。

师：我们齐读铁凝的一段话。

（展示PPT页面上一段话）"二十年后，香雪的小村苟各庄已是河北省著名的旅游风景区野三坡的一部分了，火车和铁路终于让更多的人发现这里原本有着珍禽异兽出没的原始森林……从前那些无用的石头们在今天也变成了可以欣赏的风景。"香雪们有的考入度假村作了服务员、导游，有的则成了家庭旅馆的女店主。她们说："是啊，现在我们富了，这都是旅游业对我们的冲击啊。""真是一桩流油的事哩……就有了坑骗游客的事情，就有了出售伪劣商品的事情，也有个别的女性，因了懒和虚荣，自愿或不自愿地出卖自己的身体……"（铁凝《从梦想出发》）

（生读毕）

师：这段话选自《从梦想出发》，对比《哦，香雪》中的描述，差别太大。铁凝先生曾经说过："火车其实也是一种暴力。"同学们怎么看待这句话？

生12：火车给台儿庄带来了外面的物质，改变了人们的生活；但同时也使深山少女的品质变得可疑甚至得以改变。这就是一种"温柔的暴力"。

生13：人们需要巨大的物质力量，这是人性，谁也想穿好吃好住好，包括香雪们。但是在火车带来的物质的冲击下，人们的价值观和人生观可能有所改变。原来的香雪们，质朴纯洁；二十年后的香雪们，多了一份庸俗，这也是"火车的暴力。"

师：火车既然是一种暴力，那么我们不发展火车事业，行吗？不行！其实铁凝在引导我们思考——梦想与现实之间、传统的农耕文明与现代的工业文明之间的关系问题，我们该如何恰当处理它们之间的关系，怎么才能够保持香雪们身上的人间温暖和良好品德。这种思考，也是人类心灵共同的东西。

师：让我们齐声朗读文章最后两段。

（生读）

师：几年后，香雪考上了北京某所大学。黎明，香雪踏上了去北京的火车。此时，她眼中的大山是怎样的？她又会想些什么？请展开联想并结合《哦，香雪》，写一篇不少于500字的随笔。

一切景语皆情语

——《故都的秋》片段

师：细读第三段和第四段，想一想：作者是怎样写景的？

（学生阅读思考）

师：谁能读一读第三段？（生1读）

师：大家点评一下。

生2：不怎样，太快了。（生笑）

师：读得太快，情感一带而过。那谁还能再尝试读读？

生3：我来读。（读毕，学生鼓掌）

师：同学们掌声如此热烈，那她读出感情了吗？

生4：还可以，比较舒缓，读出淡淡的忧愁；但是她没我读得好。（学生大笑，生4读毕，教室里掌声雷动）

师：这个同学读得低沉深情还有点美的感觉，作者抒发的是这种情感吗？

生齐声道：是的——

师：好，那我们来分析一下。作者在第三段写到"租一椽破屋"，为什么要"租一椽破屋"赏秋景，而不到长城、故宫、颐和园去欣赏呢？那些地方不更热闹更有代表性吗？

（学生沉默不语）

师：老师提示一下，你们想想，"破屋"给人一种什么感觉？

生5：破旧，荒凉，衰败。

师：因为"破"，所以显得更清静、悲凉。"破屋"承载着悠远的岁月，有历史的沧桑感。作者选择破屋这个物象，视觉独特，带有作者的个性特色。

师：那作者在破屋里又欣赏到了什么景象呢？

生6：看得到很高很高的碧绿的天色，听得到青天下训鸽的飞声，细数着一丝一丝漏下来的日光，静对着像喇叭似的蓝朵。

师：这些景物，既有看到的，又有听到的；既有静态的，又有动态的。

师：即使作者说"听得到青天下训鸽的飞声"，也是在极静的环境里才能听得到。如果是在热闹的公园里会很难注意。这和作者此时在破屋里的心情是相关联的，这种表现心情的手法叫"以动衬静"。（板书：以动衬静）譬如"蝉噪林愈静，鸟鸣山更幽"，就是典型的以动衬静。要表现林子的幽静，反写"蝉噪""鸟鸣"。

师：作者写牵牛花，又是怎样描写的呢？

生7：作者最喜欢蓝色或白色的，还要几根疏疏落落的尖细且长的秋草作陪衬。

师：色调是冷的，这还不够，要秋草作陪衬。

生8：大概和作者的心情有关吧。大家想想，蓝色和白色颜色比较淡雅。至于让秋草作陪衬，正合乎秋天枯萎的味儿。（生大笑）

师：同学解读得有味儿。作者从颜色入手，用冷色调恰好表现自己悠闲雅致的情调。秋天也有肥美而墨绿的草，但作者不用，非得用"几根""疏疏落落""尖细且长"的草，这充分体现了作者选景的个性。

师：前面咱们分析的景物是作者坐在破屋院里看到的、听到的，而详写牵牛花这一节是联想到的。这种联想你觉得恰当吗？

生9：很有味儿。（生笑）

师：那你很有味儿地读读吧。（生笑）

（生9读毕，响起掌声）

师：果然能引起我们思念的美好感觉。这种联想实际是对作者所见所听的延伸和拓展，对内容的一种丰富。这种手法我们叫"虚实相生"。（板书：虚实相生）所谓"实"，就是作者调动所有感官对事物的亲身感受，而"虚"是由"实"所引发的一种联想和想象。"实"和"虚"结合使文章内容变得丰富而深刻。

师：让我们来总结一下作者写景状物的手法。

生10：视听结合，以动衬静，虚实相生。（板书：视听结合）

师：我们在写景状物时，要调动所有感官——视觉、听觉、嗅觉、味觉和触觉。譬如写一张纸（师演示一张白色A4纸），我们大多从视觉上写——颜色和形状。从听觉上怎么写呢？（师抖动A4纸，发出脆脆的嘎吱声）可以写一写这种嘎吱声。嗅觉呢？（学生齐答：无味。）你们闻一闻，是不是有淡淡的油墨香味！味觉呢？（师嚼一点尝尝，生笑）很香啊。（生大笑）另外，还有以动衬静、动静结合、虚实相生等写作手法，大家在记叙文写作中也要尝试运用。

师：再看作者选取的景物，"破屋""牵牛花""槐树""秋蝉""秋雨""枣子树"等，都是我们感觉很普通的甚至看不上眼的，但是在作者笔下变得生动、鲜明、有个性，让人难以忘记。不同的人眼中的秋是不一样的，刘禹锡"晴空""排云上"的"一鹤"，马致远的"枯藤老树昏鸦，小桥流水人家"。有个性才能打动读者。

师：故都的秋景，是郁达夫独有的秋景。

刘兰芝为何"事事四五通"？
——《孔雀东南飞》片段

老师在讲《孔雀东南飞》第九段时，提出一个问题：刘兰芝自己将自己休回娘家，早晨离开刘家时，"著我绣夹裙"，还"事事四五通"，她为什么要这么做呢？

生1：老师，她是为了"气"焦母的。（生笑）焦母不是一直刁难她嘛，她这样精心打扮是为了让焦母看看：我到底漂亮不？焦母果然"怒不止"。

生2：与其说是"气"焦母，不如说是让焦母的故意刁难不攻自破。焦母不是一直说刘兰芝不听话、无礼节、不勤快嘛，刘兰芝"事事四五通"，让焦母的谎言不攻自破。（生笑）

生3：老师，她这样打扮自己，表现出对焦仲卿的留恋不舍。她故意磨蹭，不忍离去，因为她知道这一去就不会再回来了。

生4：她这样精心打扮，是为了不让娘家人看见她落魄的样子，让人觉得她在焦家过得很好。刘兰芝很爱面子，知书达理。

师：哦，"爱面子"，从另一角度来说，就是自尊自强。

生5：刘兰芝这次被休回娘家，在古代不是光彩的事。但是刘兰芝没有哭哭啼啼，没有灰头灰脑，反而精心装扮，"事事四五通"。这足以看出她自尊自强。

生6：她婆婆说她无礼节，可是，刘兰芝鸡鸣就起严妆，"事事四五通"，这怎么是无礼节呢？装扮精致外表整洁，这本身就是对他人的一种尊重，是讲究礼节的表现。下文"上堂拜阿母"和"却与小姑别"，更表现出了刘兰芝是讲究礼节的！

师：请大家齐读PPT里的一段话（PPT展示内容），"自由"这个概念在中国古已有之，但经常写作"自繇"。"繇"与"由"同义，是"跟从""顺着"的意思。这两个词，就是"由着自己"的意思。过去中国人心目中的"自由"是一个贬义词，像我们通常讲的：你不能"由着自己的性子来"。

（学生齐读完毕）

生7：老师，我明白了。刘兰芝的"事事四五通"是她自主独立性格的写照。焦母在嫌弃刘兰芝时，说她"举动自专由"。在中国古代，如果一个妇人独立自主、有主见，是不受婆婆待见的。

师："著我绣夹裙，事事四五通"，虽然只是一个小细节，但是从中可以看出刘兰芝的性格特点：自尊自强、自主独立。这样的性格在古代，特别是在焦母与焦仲卿相依为命的这样的封闭家庭里，刘兰芝注定是一个悲剧。

第二章 文本阅读

愧疚之情何时了

—— 浅析《我不是个好儿子》中作者的情感

《我不是个好儿子》是贾平凹的一篇散文，叙说了母亲的一些生活琐事。文章用语平实，深深地打动了每一位读者的心。究其原因，是作者自然流露的愧疚之情。

一、因"感激"而愧疚

作者直言"我不是个好儿子"，其中饱含着对母亲深深的感激之情。

"小时候，我对母亲印象是她只管家里人的吃和穿，白日除了去生产队出工，夜里总是洗萝卜呀，切红薯片呀，或者纺线，纳鞋底，在门闩上拉了麻丝合绳子。"有了母亲，就有了"我"的吃和穿。母亲白日里干活，而夜里总闲不住，为了家人吃好穿暖，默默地操劳着，没有半句怨言。在母亲眼中，孩子们的吃穿是她生活的全部；如果孩子们吃不饱穿不暖，那就枉做了母亲，失却为人母的意义。孟郊的"临行密密缝"，归有光的"娘以指叩门扉曰：'儿寒乎？欲食乎？'"，就是他们对母亲关心孩子吃和穿饱含深情的描述。母亲也是"操持家里的吃穿琐碎事无巨细"，"我"要上大学的头天晚上，父亲开家庭会，母亲要么给父亲卷纸媒，要么打盹，在我们"分头去睡的当儿"，却去"收拾我的行李，然后一个人去灶房为我包天明起来要吃的素饺子"。"我"成家立业有了自己的孩子之后，还得母亲操心。母亲仍然把我当作孩子。"母亲每次到城里小住，总是为我和孩子缝制过冬的衣物，棉花垫得极厚，总害怕我着冷"；"我"病得住了院，母亲在走时，还"再一次整整我的衣领，摸摸我的脸，说我的胡子长了，用热毛巾捂捂，好好刮刮"，才上了车。母亲的爱，没有时间、空间限制，没有任何外物掺杂，纯粹、自然、无微不至。母亲患了眼疾，还冒着风雪来看"我"，"我"怎能不感激得落泪？！

"我成不成为什么专家名人，母亲一向是不大理会的。"世间竟还有不想望子成龙的母亲！没有这样的想法也就罢了，还在行为上"一次一次地阻止我——'世上的字能写完？'"。按常理说，像作者这样已有一番成就的作家，一般会有或知书达理，或能说善道，或追求高远的母亲，但是事实却令人"失望"，母亲"一生都在乡下，没有文化，不善说会道"，"家里的大事，母亲是不管的"。可能就是因为有这样一位只"操心我的苦"而不督促"我"出人头地的母亲，才是在外受伤的"我"最牢靠的支撑，才能让"我"说出"什么委屈和劫难我都可以受得"的感恩之语。

母亲含辛茹苦地付出，从不企求什么"争脸面""挣大钱"之类的回报，作者怎会不因为感激而愧疚不已呢。

二、因"无奈"而愧疚

每个人对拉扯自己长大的母亲都会有感激之情，作者也不例外。除了感激，作者还有不能报答母亲的无奈。

前些年，让母亲到城里小住，但"她过不惯城里的生活"，"最不能忍受我打骂孩子，母亲每一次都高高兴兴来，每一次都生了气回去"。"我"总不能让母亲省心，想尽孝的念头也不能如愿。

作者寄钱给母亲，称这样做"并不是心中多么有母亲"。作者毫无掩饰地说出"寄钱只是不孝的开脱"。从文中看出，家里的大事，母亲是不管的，一切由父亲做主。每次开家庭会，父亲主讲。作者在思想观念上受父亲影响较大，心中想着父亲的时候多，想母亲的时间少。当作者梦到病痛的父亲，醒来便买了阴纸来烧，此时会突然间想起乡下的母亲：孤单一人在家中可好？日夜忙于自己的工作生活，何曾把母亲的冷暖饥饱记挂心上？何曾帮母亲排解落寞和忧伤？父亲去世了，母亲一个人在家，看着村子里"为糖而来，得糖而去"的孩子，"末了就呆呆地发半天楞"。作者清楚母亲发愣的缘由：孩子小时，热热闹闹的家里，如今只剩她孤单一人。"我"又能怎么做呢？必会寄一笔钱给母亲，为了心理平衡。其实作者也知道，节俭一辈子的母亲哪里舍得花——把一卷一卷的钱攒着差点给老鼠做了窝。那作者为什么又会不断地寄钱呢？为了安慰自己"不能亲自伺候母亲"的无奈之心！

如果作者回到农村的家里"亲自伺候母亲"了，母亲会高兴吗？母亲不是曾说过"你们都精精神神了，我喝凉水都高兴的"的话吗？作者的无奈其实就是任何形式都报答不了母亲的愧疚！

三、因"自豪"而愧疚

本文题目是《我不是个好儿子》，文章的内容也就围绕儿子和母亲之间的事情展开。但是文章有关于母亲"跟村里老太太打花花牌""给来家里坐的人卧荷包蛋"等情节与"我"无关，"我少年时上山砍柴"的细节叙述与母亲无甚关联，或许是文章的败笔？

让我们先来看看作者的母亲是个怎样的人。

在孩子们眼中，自己的母亲都是最好的。但是好母亲不一定是个好街坊。

作者在第二段中说："但母亲不是大人物却并不失却她的伟大，她的老实、本分、善良、勤劳在家乡有口皆碑。"可以看出母亲是个公认的好街坊。母亲用"我"寄的钱买回了许多红糖，装一个瓷罐儿里，但凡谁家的孩子去了，就捏给谁家的孩子吃；母亲是不大吃鸡蛋的，只要有人来家坐了，却总热惦着烧水卧鸡蛋。母亲还和村里的一些老太太们打花花牌。作者这些叙述，虽跟"我"没有太多的关系，但意在表明，母亲不仅善待自己的孩子，还善待村里的人，跟村里人关系融洽。作者眼中母亲是伟大的，在家乡有口皆碑。

最后一段作者叙述少年时期上山砍柴的事情，"从那时起我就练出了一股韧劲的"，作者是在安慰母亲。关于"韧"，第二段有所陈述："母亲教育我的'忍'字使我忍了该忍的事情，避免了许多祸灾发生。"上山砍柴的细节是来呼应第二段母亲对"我"忍的教育。其实不用言语教导，母亲平日表现在劳作和拉扯孩子上的隐忍，作者从小到大看在眼里、记在心里。试想，在那个物质匮乏的时代，母亲需要夜里付出多少汗水和泪水，才能供给孩子们的吃和穿；父亲星期天才能回家一次，父亲不在家的日子，母亲是怎样打理着整个家的里里外外的；当儿子说，只能用钱来代替孝顺，母亲又是怎样隐忍着自己的伤心而"懂得了我的心"的。

有这样伟大的母亲，作者怎能不自豪！"我就是农民的儿子。"

作者贾平凹用饱蘸深情之笔抒写了对母亲的愧疚之情，使每一位读者心有戚戚然；他的悔悟更使我们幡然惊醒：常回家看看！

著一"总"字，尽得风流

—— 浅析《我不是个好儿子》用语之妙

贾平凹在《我不是个好儿子》里向我们描述了他的母亲：没有文化，只尽心操持家里的吃和穿，对孩子的健康、平安、幸福关心备至，却从不图什么回报。这样的母亲，就是普天下千百万母亲中的一位，再普通不过。但是这个母亲，总能让我们想起自己的母亲，愧疚自责之情随之涌上心头，不禁潸然泪下。此文能引起读者的共鸣，究其原因，还在于作者遣词造句的深厚功力。笔者就以"总"字为例，浅析其用语之妙。

文章第一段说道："前些年，母亲每次到城里小住，总是为我和孩子缝制过冬的衣物，棉花垫得极厚，总害怕我着冷，结果使我和孩子都穿得像狗熊一样笨拙。"这里作者用了两个"总"字，"总"有"一直"之意，在此作者强调母亲一直关心我和我的孩子的穿着。平日里，我们如果要强调自己一贯的看法或做法时，要用一个"总"字的，如，我总这么认为（或做的），以强调突出自己的态度或行为。作者在写母亲对"穿"的重视，对儿子冷暖的关心时，很自然用了"总"字。这不仅跟第一段的开头，对母亲的定位 —— 母亲一生都在乡下，没有文化相吻合，而且也为文章第四段回忆母亲埋下伏笔。

第四段第一句，作者回忆自己小时候，相较父亲，母亲只是关心家里人的吃和穿："小时候，我对母亲的印象是她只管家里人的吃和穿，白日里除了去生产队出工，夜里总是洗萝卜呀，切红薯片呀，或者纺线，纳鞋底，在门闩上拉了麻丝合绳子。"一到晚上，母亲便忙活了起来，又是弄吃的，又是弄穿的。此处，作者又用了一个"总"字，表明母亲对孩子饮食和衣着的关注，一直没变，作者小时候是这样，长大了还是这样，甚至对她的孙子也还是这样。在作者眼里，母亲的爱从来就没有改变过，也没有变薄过。这也让读者理解了一位农村没有文化的母亲对自己本分的守护，是何等之坚！这个"总"字引领的内容，在结构上，呼应了开头第一段。

贾平凹笔下只管家里人吃和穿的母亲形象，其实在诸多诗词文章中都有过描述。

孟郊《游子吟》中"慈母手中线，游子身上衣。临行密密缝，意恐迟迟归"诗句，展现了生活中最常见的场景，慈母为将要远行的游子缝制衣服。老母一针一线，针针线线都是如此的细密，是怕儿子迟迟难归，故而要把衣裳缝得更为结实、厚实一点儿。老母对儿子的一片深情，儿子对老母的愧疚之情，正是在日常生活中最细微的地方流露出来。《项脊轩志》中，作者归有光怀念他的母亲，是通过老妪之口来复述的："汝姊在吾怀，呱呱而泣；娘以指叩门扉曰：'儿寒乎？欲食乎？'。"母亲听见孩子呱呱啼哭，即刻赶来叩门，问寒问饥，焦虑至极。仅仅这样一个场面，就把母亲疼爱儿女、儿女痛悼母亲的感情表现得淋漓尽致，写得深切感人。孟郊笔下的慈母关注孩子的衣着这等事，归有光怀念其母也是落笔在"吃""穿"等生活琐屑小事上，这本是生活中常见的事，可唯其常见，才见真情。

正是她们，无数个无名的母亲使一代又一代人的生活健康而美好。

文中第四个"总"字出现在第三段，"而母亲收到寄去的钱总舍不得花"。母亲对孩子的爱是倾其所有，不图回报的，孩子给她钱，在母亲看来已增加了孩子的负担，自己也成了孩子的累赘，这是她们所不愿见到的。既然连累了孩子，便一直舍不得花孩子寄来的钱，自然从心底里也就不能接受这钱。只要孩子们过得好好的，做母亲的怎样过都可以的，"你们都精精神神了，我喝凉水都高兴的"！作者给母亲寄钱，在作者看来，"并不是我心中多么有母亲，完全是为了我的心理平衡"，所以当心理平衡都找不到时，我埋怨过母亲，也气恼过，但是母亲还是不能从心里接受这钱。直到"我已孤单一人，又病得入了院"，母亲到医院来看我，我送母亲上车回家时，我将心里对给钱的想法和盘托出，母亲"懂得了我的心""她把钱收了"，还"紧紧地握在手里"。既然钱代表儿子的心，做母亲的有何理由不收下？既然"不收钱"委屈了孩子，让孩子过得不好，那就得收下，而且紧紧地握住了。母亲这样做，作者就找到心理平衡了吗？就不愧疚自责了吗？不，母亲的爱，是永远报答不了的，于是"我的眼泪默默地流下来"。

母亲收到寄去的钱不仅是过去舍不得花，即使懂得了儿子的心后还是舍不得花，是"总"也舍不得花。一个"总"字，让很多子女都会心头一震：我们总是忙，何曾将母亲的冷暖记挂心上？她们需要的难道仅仅是钱吗？她们的落寞与伤心我们何曾感受得到？

第五和第六个"总"字，都出现在第五段，"可她不大吃鸡蛋，只要有人来家坐了，却总热惦着要烧煎水，煎水里就卧荷包蛋"，"每年院里的梅李熟了，总摘一些留给我"。在孩子眼中，母亲永远是天底下最好的，母亲对自己的孩子也是最好的。作者说，每年院里的梅李熟了，就因为我爱吃，所以母亲总留给我，一直留到彻底腐烂了才倒去。那么在孩子眼中，母亲对别人呢？是否也像对自己的孩子那般好呢？作者同样是用了一个"总"字，为读者画出了一个待人至诚的母亲。只要有人来家坐客，母亲总惦念着给客人卧荷包蛋吃。"她（母亲）的老实、本分、善良、勤劳在家乡有口皆碑"，这个评价不是作者给的，而是十里八村的乡人给的，是名副其实的。如果一位母亲仅对自己的孩子关心，那是应该的；但对乡里乡亲也善良诚恳，成了一种本分，那肯定有口皆碑。反过来看，只有对周围人好，才能教育出出色的孩子。作者贾平凹并没有让母亲失望，他秉承了母亲的勤劳、隐忍，"母亲教育我的'忍'字使我忍了该忍的事情，避免了许多祸灾发生"，"我告诉母亲，我的命并不苦的，什么委屈和劫难我都可以受得"；他也保持了农民特有的质朴和深沉特点，"现在有人讥讽我有农民的品性，我并不羞耻，我就是农民的儿子"。

贾平凹的母亲是"我"的母亲，是"你"的母亲，也是"他"的母亲，她们只管家里人的吃和穿，她们勤劳质朴、节俭无私，虽然名字并不响亮，不是大人物，但并不失却她们的伟大。

一个"总"字，全文六次出现，既体现了贾平凹用语力透纸背的功力，同时也蕴含着作者对母亲的至爱亲情。

三个物象拯救一个灵魂

—— 浅析《警察和赞美诗》中苏比是如何被感化的

流浪汉苏比，为了度过即将到来的冬天，想进监狱谋取免费食宿。他想尽各种办法到街市上惹是生非，甚至故意搞一些破坏，希望因此被警察送进监狱，结果六次都失败。"最后，苏比来到通往东区的一条马路上，这儿灯光暗了下来，嘈杂声传来也是隐隐约约的。他顺着街往麦迪生广场走去"，"可是，在一个异常幽静的地段，苏比停住了脚步。这里有一座古老的教堂，建筑古雅，不很规整，是有山墙的那种房子。柔和的灯光透过淡紫色花玻璃窗子映射出来"。

是"古老的教堂"让苏比"停住了脚步"。

这座教堂是有山墙的那种，具有典型的罗马教堂风格。罗马式教堂具有山形墙、石头的坡屋、圆拱等，往往以坚固、沉重、敦厚、牢不可破的形象显示教会的威严。苏比所见的教堂是有悠久历史的传统意义的那种教堂。"古老"意味着深厚、权威和信赖，再加上"淡紫色花玻璃窗子"和"柔和的灯光"，都给苏比温馨的感觉。

人们会在教堂里倾诉忧愁，希望得到上帝帮助；会忏悔过错，希望得到上帝宽恕；会祷告祈福，希望能得到上帝的佑护……人们通过教堂，寄托一些梦想甚至幻想；人们在教堂里，追求一种"超自然""超现实"的结果。教堂，不仅是西方人的祈祷场所，还是教育场所，教导人们生来就要赎罪，努力做一个善良、高尚的人。人们把教堂看作安放灵魂的神圣殿堂。教堂，超越了建筑物的一般概念，是西方人在物质与精神、实体与虚无之间架起的一座桥梁。

苏比，六次的"堕落"都被宽宥，感到无比沮丧，那布莱克威尔岛成为可望而不可即的仙岛了。北风打着卷儿，一阵强似一阵，苏比只好蜷缩起全身。教堂突然出现，让苏比全身涌起了一股暖流，觉得有了倾诉的对象，有了帮助的力量，有了赎罪的场所。"古老的教堂"以其敦厚、信赖、威严和温馨让苏比暂时忘却了困境，找到了避难的港湾和精神的寄托。其实教堂在苏比的生活和生命中，其影响是深远的。从父母口中得知自己出生时在教堂受洗礼的情形，从小在父母的教导下每周到教堂做礼拜的体验，亲人朋友在教堂里嫁娶的美妙场景，一一被眼前这"古老的教堂"唤醒；"他那条干干净净的活结领带是感恩节那天一位教会里的女士送给他的"，"老教堂的潜移默化，使他灵魂里突然起了奇妙的变化"。

古老的教堂让苏比停下了脚步，接着"风琴师奏出的赞美诗"又让苏比"内心起了一场革命"。

动人的乐音飘进苏比的耳朵，先是吸引了他，然后把他胶着在铁栏杆上，最后使苏比入定。所谓"入定"，课下注释（山东人民出版社出版的《普通高中新课程实验教科书》必修四）如是说："佛教用语，原意是僧人静坐修行，不怀杂念，使心定于一处。"苏比完全"定"在了赞美诗里，心静如水，心澈如玉，好久没听到熟悉的赞美诗了，赞美诗里高洁的词句何时已忘？为何那么长时间没听到赞美诗了？那自己现在的生活是什么样子？"那堕落的时光，低俗的欲望，心灰意懒，才能衰退，动机不良——这一切现在都构成了他的生活内容"。"他猛然对他所落入的泥坑感到憎厌"，"当他生活中有母爱、玫瑰、雄心、朋友以及洁白无瑕的思想与衣领时，赞美诗对他来说是很熟悉的"。

苏比强烈地意识到，很久以来，他只是自己与自己堕落的思想为伍。想想自己整天都做了些什么？干小偷营生，玩流氓勾当，有健全的体魄却混吃混喝……当年的雄心壮志都跑哪儿去了？远在家乡的亲人们都还好吗？洁白无瑕的衣领早已久违了吧？"一刹那间，新的意境醍醐灌顶似的激荡着他。""他要把自己拉出泥坑，他要重新做一个好样儿的人。他要征服那已经控制了他的罪恶。""他要重新振作当年的雄心壮志，坚定不移地把它实现。"

"庄严而甜美"的管风琴久久地回荡在苏比的心里。抬头望望明月，"悬在中天，光辉、静穆；车辆与行人都很稀少；檐下的冻雀睡梦中啁啾了几声"。如此的情景，只有在"乡村教堂边上的墓地"才有的。

那儿少了"葡萄、蚕丝与原生质的最佳制品"，少了"轻佻的灯光，很惹眼的大玻璃橱窗，最轻率的盟誓"，也少了"那些头戴铜盔、手拿警棍的家伙"。那儿万籁俱寂，总能让人从嘈杂浮躁中安静下来，让人的心灵得到安抚和慰藉。墓地静穆得可怕，有着美好心灵的人或烜赫一时的人都埋葬在那里，他们总能升入天堂的。"我死后将被葬在哪里呢？没有人会把一个无家可归、无恶不作的流浪汉埋在乡村教堂的墓地里的。"苏比不禁悲从中来，活着如行尸走肉般，有何意义？自己当年的雄心壮志哪儿去了？曾经纯洁无瑕的思想哪儿去了？时间已经晚了吗？一个遥远的声音幽然而来——还不晚，还算年轻！苏比决定"明天要到熙熙攘攘的商业区去找事做"，"有个皮货进口商曾经让他去赶车。他明天就去找那商人，把这差使接下来"。

人总有一死，要死有所值，死得其所！

"古老的教堂""赞美诗""乡村教堂边上的墓地"三个物象，拯救了苏比的灵魂。

从语言准确性的角度赏析《警察和赞美诗》

《警察和赞美诗》是一篇经典之作，其经典之处一般认为有二：一是戏剧性情节设计，特别是最后以"意料之外、情理之中"来结尾；二是语言幽默风趣、诙谐夸张，引人发笑，更令人感到悲凉辛酸。

体裁，也应该是授课考虑的重点。散文和小说，文体特征不一样，授课的切入点或设置问题的考虑点也应不一样。散文讲究"形散而神不散"，将时空跨度较大的材料组织在一起，看似零散，实际由"神"这根主线贯穿一起。散文语言往往很精练，具有"言尽意远"的特点，因而赏析语言是散文教学的第一要务。小说，以环境、情节、人物为三要素，其中人物是核心，通过塑造人物来寄寓作者的情感，来反映社会。小说语言普遍通俗易懂，一般认为不是赏析的重点。《警察和赞美诗》是一篇短篇小说，不是散文，教师们往往会围绕其小说特征来设置问题。《警察和赞美诗》大部分优质课、公开课，也都从其"经典之处""小说特征"这两个方面去处理。

可是，登上华山只有一条路吗？能否另辟蹊径解读经典？小说的语言朴实易懂，这其中就没有嚼头吗？《警察和赞美诗》的语言除了幽默诙谐外，还有什么地方值得我们去挖掘？

我对比了一下，山东人民出版社出版的《普通高中新课程实验教科书（必修四）》收录的李文俊翻译的《警察和赞美诗》，跟百度上翻译的一些地方是不同的。如苏比站立在古老教堂前听到赞美诗时，李文俊如此翻译："动人的乐音飘进苏比的耳朵，吸引了他，把他胶着在螺旋形的铁栏杆上。"而百度中则是这样翻译："悦耳的乐声飘进索比的耳朵，吸引了他，把他粘在了螺旋形的铁栏杆上。"两个翻译最大的不同就是写苏比被乐音吸引的状态。一个是"胶着"，一个是"粘在"，相较之下，"胶着"不仅有"粘在"的意思，而且更形象些——像胶水一样。这样的翻译超出"信""达"的程度，已达到"雅"的境界。

基于此，笔者准备从语言的准确性切入，来把握苏比这一人物形象，进而挖掘全文的主题。

首先设计了第一个课堂活动——苏比和警察、苏比和赞美诗、警察和赞美诗之间发生了许多故事，这都源自一个"冬居计划"，请找出并品读。

学生找到课文的第四段，朗读。然后重点品读两句话——"他衷心企求的仅仅是去岛上度过三个月"，"再没有'北风'老儿和警察老爷来纠缠不清，在苏比看来，人生的乐趣也莫过于此了"。第一句话里的"仅仅""是"，起到强调作用，写出了苏比的冬居计划并不过奢，甚至是令人心酸，如果去掉或者换成别的词都达不到这个效果。比较"企求"和"期求"，如果用"期求"的话，肯定不如"企求"准确，因为"期求"只是表示希望，而"企求"是渴望，程度要深得多。译者为什么用"企求"这个词？显然是为了准确地表现社会底层小人物苏比的辛酸苦楚。"再没有'北风'老儿和警察老爷来纠缠不清"，用幽默诙谐的语言，用拟人的手法，让人觉得苏比无比乐观，但仔细咂摸咂摸，是"含泪的微笑"，到监狱去待三个月，度过寒冷的冬天，在苏比看来这是最好的办法，也是唯一的选择，可怜。这种情感还能从"人生的乐趣也莫过于此了"中的"了"字品味出来。"了"是助词，如果去掉"了"，原句的意思没有变，但是译者加上"了"字，味道就很浓，苏比容易满足的神态呼之欲出。

然后设计了第二个课题活动——苏比实施六个犯罪计划之后，与赞美诗又发生了什么故事，找出并品读。

此活动需鉴赏"动人的乐音飘进苏比的耳朵，吸引了他，把他胶着在螺旋形的铁栏杆上"这句话，对"胶着"与"粘着"进行比对和品析，写出了苏比与赞美诗的故事，已经被赞美诗吸引、感化，想"要重新做一个好样儿的人"。

在两个活动结束之后，进行了总结：品读语言，应该从一个字一个词开始，用词首先要贴切、准确。品读时，要联系上下文语境、语言风格、人物形象、作者情感、文章主旨等。

接着又设计了第三个课堂活动——从全文中找出六个有代表性的句子让学生进行赏析。分别是：1. 多年来，好客的布莱克威尔岛监狱一直是他的冬季寓所。2. 两个侍者干净利落地把苏比往外一叉，正好让他左耳贴地摔在铁硬的人行道上。他一节一节地撑了起来，像木匠在打开一把折尺。3. 他（苏比）厚着面皮把小流氓该干的那一套恶心勾当一段段表演下去。4. 一到晚上，最轻佻的灯光，最轻松的心灵，最轻率的盟誓，最轻快的歌剧，都在这里荟萃。5. 他（看见）雪茄烟店里一个衣冠楚楚的人对着摇曳的火头在点烟。6. 他霍地扭过头，只见是警察的一张胖脸。

赏析第一个句子，主要从"好客""冬季寓所"入手，如果不用"好客"，如果将"冬季寓所"换做"避难所"之类的好吗？得出幽默讽刺语言风格的结论。

赏析第二个句子，抓出关键词"叉"和"一节一节"，用词贴切，表现了苏比的可怜和可悲。

第三个句子中的"厚着面皮""恶心""表演"等词，如果换做别的词，就挖掘不出苏比善良的本质；既然如此，那么他为什么还要如此去做？作者匠心独运，显示出处于社会底层小人物的悲哀和社会制度的不合理。

赏析第四个句子，对比"轻佻""轻松""轻率""轻快"四个近义词，译者译得很精确，意在反映上层社会的奢华。

第五个句子落脚在"衣冠楚楚"上，从词的感情色彩入手，说明社会上像苏比这样的人绝非一个，而是很多，反映出普遍的社会问题。

第六个句子，是在苏比与赞美诗的故事发生之后遇到的警察，那个警察，只有一张"胖脸"。一个"胖"字内蕴丰厚！学生至少体会出两点：一是"胖"意味着满脸横肉，笔者假设将"胖"换成"满脸横肉"行不行？引导学生体会"胖"字的准确和深刻；二是跟苏比形成对比，苏比是一张瘦脸，而且衣衫褴褛，由此刻画出了警察作为社会制度的维护者，只维护上层社会的利益，对底层老百姓是冷漠和专制的。接着进一步引导，这个警察跟前面的警察有何不同？学生找出前面有关描写警察的句子，进行对比阅读。"警察看见半条街外有个人跑着去赶搭车子。他抽出警棍，追了上去。"这个警察工作经验错误。"警察让警棍打着旋，身子转过去背对苏比，向一个市民解释道。"这个警察不负责任。"那警察急匆匆地跑去搀一位穿晚礼服的金发高个儿女士过马路，免得她被两条街以外往这边驶来的电车撞着。"这个警察只维护上层的利益。前面情节中的警察形象足够揭示主旨了，那为什么还要再刻画有一张胖脸的警察呢？将这个情节删去行不行？学生讨论探究，由字词的准确引导到情节的设置上，为什么苏比前面渴望进监狱，故意犯罪六次，但最终都没有进去，而这次不想进去却以"莫须有"的罪名被抓捕进去了呢？引导学生去琢磨苏比作为底层小人物决定不了自己的命运，想进监狱进不了；被赞美诗感化后，想改邪归正，却莫名其妙地被抓进监狱！进一步体味欧·亨利小说"含泪的微笑"的艺术魅力！

实践证明，曲径也可以通幽。从语言准确的角度，引导学生品味《警察和赞美诗》也是不错的。那我们何乐而不为呢？

浅析《赤壁赋》中的隐语

先看苏轼与佛印的一段趣话：

有一次，佛印在寺院清蒸一盘五柳鱼。刚好苏轼进来了。佛印想难为难为苏轼。正巧旁边有只磬，他就随手将鱼放在磬里。苏轼早已看见，装作不知。刚坐下就故意"唉"地叹了口气。佛印素知苏轼性格乐观，疑惑地问道："太守，今天为何愁眉不展？"苏轼回答说："唉，大和尚你有所不知，早上我想写副对联，谁知刚写好上联，下联就难住了，一直想不出，所以心烦啊！"佛印问："不知上联是什么？"苏轼回答说："上联是'向阳门第春常在'。"佛印一听，心中好笑：这对联家家户户都贴烂了，他却拿来戏弄我，不知道苏轼葫芦里卖的什么药。于是不动声色地说："我来给你对吧，下联是'积善人家庆有余'。"苏轼连呼："啊呀，高才高才！原来你磬（庆）里有鱼（余）啊！快，拿出来吃吧。"佛印这才恍然大悟，乖乖地从磬里把鱼拿了出来。

"磬（庆）里有鱼（余）"，苏轼运用谐音双关，委婉地说出了自己的想法，既无伤大雅，又达到了目的，可谓一箭双雕。"谐音双关"是隐语的一种。朱光潜说："隐语用意义上的关联为比喻，用声音上的关联则为双关。"[1]谐音双关是隐语的一种。"磬"与"庆"谐音，"鱼"与"余"谐音，而意义是关联的。由此可见，苏轼实为隐语高手。

刘勰在《文心雕龙》中如此解释"隐语"："遁词以隐事，谲譬以指事。"[2]朱光潜解释为："用捉迷藏的游戏态度，把一件事先隐藏起来，只露出一些线索来，让人可以猜中所隐藏的是什么。"[3]相较声音上的关联，在意义上的关联的隐语，更为深奥一些，一篇文章表面所写的一些的意象或线索，并非作者真正要写的，只是"冰山一角"，实际隐藏了真正的意图和

---

[1] 朱光潜. 诗论 [M]. 合肥：安徽教育出版社，2006：35.
[2] 刘勰. 文心雕龙 [M]. 上海：上海古籍出版社，2008：29.
[3] 朱光潜. 诗论 [M]. 合肥：安徽教育出版社，2006：30.

情感，需要寻出蛛丝马迹，挖掘出其真正内涵。

苏轼是隐语高手，在他的作品中使用了许多隐语，下面就以《赤壁赋》为例来加以阐释。

一、"赋"是隐语的化身

"赋"这一名称最早见于战国后期荀况的《赋篇》。《赋篇》包含《礼》《知》《云》《蚕》《箴》《乱》六篇独立的赋，它们都极力铺陈事物的本质、形态和作用，露出一些线索，将事物的真正面貌隐藏起来，到最后点出事物名称或不点明题旨。朱光潜认为："像战国秦汉间嗜好隐语的风气最盛，赋也最发达。"[①]苏轼用赋这种文体，主客问答，其实作者虚拟了客人，实际是作者自己，只是自己的一些想法不能直接表达，用客人引出话题或表达出自己的看法。当"饮酒乐甚，扣舷而歌之"时，整个氛围是兴奋、愉悦甚至陶醉的，面对如此皎洁月光、浪平江阔之景，有酒有肉，有诗有歌，人生得意须尽欢，此时不乐何时可乐呢！可是有一客却吹起洞箫，笑声极其悲切。像这样的举动是很违反常理的，作为客人应视主人而动，怎么能做出不合时宜的举动呢？更何况不会不知苏轼正处于人生极度穷困之时！难道客人也有如此遭遇？我们由此推测，只能得出一个结论：客人实为主人思想情感的内心，主人因为某些原因不便直说，用客人的洞箫作为线索，制造悲伤之氛围，为下文主客问答做铺垫。

二、"曹操""美人"是隐语的寄托

苏轼面对赤壁古战场，自然想起三国风云的变幻，想起操纵乾坤的人物，那苏轼却为何偏偏想起战争的败者曹操呢？

曹操有统一天下的志向和霸气。"月明星稀乌鹊南飞"这句话表面暗合作者当时面对的情景——月出于东上之上，徘徊于斗牛之间。但是如果系统去理解曹操的《短歌行》，我们就会发现曹操是在表达求贤若渴、统一天下的志向。"月明星稀乌鹊南飞"这句话下面的诗句为"绕树三匝何枝可依。……周公吐哺天下归心"。作者苏轼希望当朝君主能像曹操那样，招贤纳才，重用贤能之士，但苏轼现在这种处境和身份不可能直接说出这种期

---

① 朱光潜. 诗论 [M]. 合肥：安徽教育出版社，2006：31.

盼，所以只能通过曹操这个隐语来寄托自己的想法。

曹操在赤壁之战中是个败者。这跟苏轼当时的处境有何差。元丰三年（1080年），苏轼因咏诗讽刺时政，被人弹劾，几乎丧命，次年被贬到黄州。站在赤壁之战故垒边，遥想当时曹操的心情，不能不引起苏轼的共鸣，真可谓同病相怜，惺惺相惜。

两人虽同为"败者"，但是报国之志并未泯灭。苏轼也只能托曹操说出自己不便直说的心语。

朱光潜说过："中国诗人好作隐语的习惯向来很深。"①屈原以"美人香草"来比喻君臣，这对于后人的影响是深远的。如杜甫有首咏"萤"诗，起句是："幸因腐草出，敢近太阳飞。"将"太阳"比作君主，上句用"幸""腐"，无疑是借萤火虫指斥宦官，因为宦官是受过腐刑之人。

苏轼在文章里说"望美人兮天一方"，"美人"可望而不可即，美人暗指君主，苏轼是多么期盼能被君主重用啊！

三、"夜晚""月"营造的情境是隐语的线索

苏轼被贬黄州，在给友人的信中写道："得罪以来，深自闭塞。扁舟草履，放浪山水间，与渔樵杂处，往往为醉人所推骂，自喜渐不为人识。"②他的朋友陈慥约他到武昌去住，他也不敢去，他给陈慥的信中说："又恐好事君子，便加粉饰，云'擅去安置所，而居于别路'。传闻京师，非细事也。虽复往来无常，然多言者何所不至。"③读这些信札，我们不难了解苏轼被贬之后的处境——忧谗畏讥，孤独寂寞，只好放浪形骸于山水之间。所以我们就不难理解苏轼为何在夜间驾一叶扁舟游赤壁了，只有滚滚东逝的江水和默默无语的月亮才能抚慰苏轼那颗痛苦而孤寂的心灵。其实我们细数苏轼被贬黄州之后所写的词赋，譬如《卜算子黄州定慧院寓居作》中的"缺月挂疏桐，漏断人初静"，《念奴娇赤壁怀古》中的"一樽还酹江月"，等等，都同样营造了"夜晚"和"月"的情境。这绝非偶然，这种情境反复出现，而且都出现在苏轼被贬黄州之后，恰恰是作者当时处境和心境的一种隐语，作者不能直白说出，只好通过创设这种情境来作为线索。

---

① 朱光潜．诗论 [M]．合肥：安徽教育出版社，2006：34.
② 夏承焘．大学国学 [M]．天津：天津人民出版社，2007：235.
③ 夏承焘．大学国学 [M]．天津：天津人民出版社，2007：235.

烛之武是怎样劝退秦师的

《烛之武退秦师》为我们描绘了一个胆大、心细、沉稳、不畏危难的英雄形象——烛之武，令我们折服。正如有的文章评论的那样："烛之武临危受命，不惧艰险，不卑不亢，善于辞令，具有爱国主义精神。"可是细细地品读全文，不禁疑惑顿生：烛之武面对的是强大无比的秦军，仅仅凭借这些品质就能劝退吗？偌大的一个郑国，具有烛之武式品质的不止一人吧，那为什么只派烛之武去呢？带着这些疑惑让我们再回到文本中去，细究烛之武是如何劝退秦师的。

当"晋侯、秦伯围郑"之时，所有的郑国人都应该知道"国危矣"，作为郑国大夫的烛之武不应该不知道。按常理，国难当头，匹夫有责，更何况一国大夫。此时，有力的出力，有谋的出谋。佚之狐就出了一计策，他了解烛之武具备退秦师的能力和品质，于是就将其举荐给郑文公。当郑文公找到烛之武时，烛之武却以"今老矣，无能为也已"为由来推辞。当然面对强大的秦师，谁也没有十足的把握，谁也会胆怯，烛之武不是神，当然会推辞。再者，军中无戏言，如果烛之武退不了秦师，怎么办？后果不堪设想。也可能烛之武"以进为退"，虽然他能言善辩早已闻名郑国，但是年轻时一直得不到重用，直到七十多岁，国难当头时才被佚之狐举荐，自然是满腹牢骚，故"辞"。以此可以见出烛之武绝非那种国难当头时能够赴汤蹈火的革命志士，也绝非那种"达则兼济天下"的仁德之人。那烛之武又怎么"夜缒而出""见秦伯"呢？关键不是郑文公的道歉，而是"然郑亡，子亦有不利焉"这句话，此话的重点不是国家利益，而是牵涉个人的利害关系。作为郑国大夫的烛之武自然明白，坐稳了郑国的大夫之位，前提是郑国存在；一旦郑国灭亡，秦晋是不会再起用一个亡国之夫的，"皮之不存，毛将焉附"，一切的功名利禄，一切的理想抱负，甚至身家性命，都会付之一炬。所以烛之武只有"许之"。

烛之武在见秦伯之后，是从两个层面来劝说秦穆公的。首先，处处为秦着想，亡郑对秦没有好处，存郑对秦有益无害。正当秦伯在考虑灭郑、存郑对自己的利害关系时，烛之武充分利用秦晋矛盾这一契机，进一步为秦伯分析。烛之武用一"且"字，强调突出下面要说内容的重要性。先回忆历史：秦穆公曾派兵护送晋惠公回国，晋惠公许下诺言割给秦国"焦、瑕"二城，但是"朝济而夕设版焉"。虽然秦晋两国关系一直不错，是结盟国，但总归因为这事，心里多少有些疙疙瘩瘩的。特别是烛之武用了"朝"和"夕"两词，以突出晋国忘恩负义之快，这一旧伤疤一揭开，肯定使秦穆公内心隐隐作痛，不由得引起秦伯深思乃至警觉。按常理说，晋惠公是晋国上一代国君，许诺一事是陈芝麻烂谷子的事了，无需提及，可是烛之武硬是提及那段不快乐的往事，当一个人生命攸关之时，当一个人孤注一掷之时，是不会去讲什么仁义不仁义的！进而烛之武又揣测，晋是利欲熏心之国。先用一个宾语前置的句子"晋，何厌之有？"将"何厌"提前，突出了晋的贪心；然后用"既……又……"连接，推测晋不久就会从东西两面扩大自己的领地，必定要削弱秦国的势力，给秦穆公以迫在眉睫之感；最后，烛之武用一反问句，再一次强调了不削弱秦国，晋又能从哪里取得土地满足自己的欲望呢？这几个句式的连用，彻底让秦穆公的心理防线决堤：晋如此烫手，不赶紧扔掉，还结盟干吗呢？于是"秦伯说，与郑人盟。使杞子、逢孙、杨孙戍之，乃还"。

烛之武如此夸大晋国的忘恩负义、贪得无厌和野心勃勃，那么晋真的不讲仁义吗？

秦师退，子犯请求伏击秦国，晋文公劝阻道："不可！微夫人之力不及此。"虽然秦国与郑国已结为同盟国了，但晋文公还念念不忘当年是秦穆公的帮助他才做了晋国国君这一大恩大德，俗话说"滴水之恩当涌泉相报"，更何况秦穆公的帮助并不是滴水之恩。晋文公又说："因人之力敝之，不仁。"由此看来，晋文公认为自己流亡之时秦穆公对自己的帮助是很讲仁义的。其实这宣扬了《左传》的政治思想核心，即儒家的主张——仁和礼，要求担负有领导国家责任的统治者，不可逞一己之私欲，而要从整个统治集团和他们所拥有的国家长远利益考虑问题。如果晋文公听从子犯的建议，伏击秦师，这是出师有名的秦国不遵守盟国合约，不能算作不仁义。但是，晋文公没有那么做，是符合《左传》的政治思想核心的。这反倒可见烛之武的揣测是很不仁义的，晋文公亲口说不能忘恩负义，即使国家利益受到损害也不能不讲仁义，实际上证实了烛之武对秦穆公说的一番话完全是以小人之心度君子之腹，烛之武为了自己的利益，说了一些不切实际的话，这能说烛之武不卑不亢、光明磊落吗？

后来鲁僖公三十二年，发生了"蹇叔哭师"这一著名事件，秦穆公还是改变了主意，劳师袭远，攻打郑国。秦穆公大约已经回味过来，被烛之武乃至郑国蒙蔽了。后来，晋国在崤山伏击秦师，使秦师大败而回。晋国之所以这样，很大程度上是因为秦国不讲仁义吧！由此看来，不是晋国不讲仁义而是晋国特讨厌不讲仁义的秦国和郑国！

我们再回到文章的开头，秦晋围郑的原因是"以其无礼于晋，且贰于楚也"。在这之前，郑国有两件事得罪了晋国。一是晋文公当年逃亡路过郑国时，郑国没有以礼相待；二是在鲁僖公二十八年的晋、楚城濮之战中，郑国出兵帮助楚国。"乡役之三月，郑伯如楚致其师。"结果，城濮之战以楚国失败而告终。郑国感到形势不妙，马上派子人九出使晋国，与晋结好。"为楚师既败而惧，使子人九行成于晋"。甚至在五月，"晋侯及郑伯盟于衡雍"。但是，郑国最终也没能感化晋国，因为晋文公是讲仁义的。这从《左传》中可以找到佐证，晋国与楚国交战之前，晋文公对军队进行了检阅，他说了这么一句话："少长有礼，其可用也。"他认为年轻的和年长的都符合儒家的"仁礼"，就可以用来作战了。晋文公认为郑国是不讲仁义的，所以对这种不仁不义之国，应该攻打，于是出现了文章开头的秦晋围郑。反过来说，郑国君主是不讲仁义的，一国之君尚且如此，作为臣子的烛之武，自然会上行下效，也不会讲仁义，更不会在国家危机之时挺身而出。

综上所述，笔者认为，烛之武主要是依靠不仁不义来劝退秦师的。当然，烛之武胆子大不大？当然大。烛之武善不善于辞令？当然擅长。我们在解读文本、探究人物形象时，要用辩证的观点去理解。因为人是复杂的，有其两面性，有优点也有缺点，不能简单地说他是个好人或是个坏人。而我们总是善于将人物"脸谱化""英雄化"。其实烛之武是一个人，他有七情六欲，他也会瞻前顾后。当关系国家存亡的大事摆在任何一个人面前，他都不会毫不犹豫！烛之武的坚"辞"恰好表现出《左传》所表现的人物有血有肉，很丰满！

钱锺书先生的"寓言"

——读《读〈伊索寓言〉》有感

钱锺书先生在其《读〈伊索寓言〉》中引用十则寓言，并在原来的哲理基础上进一步引申，以论证"小孩子该不该读寓言，全看我们成年人在造成什么一个世界，什么一个社会，给小孩子长大了来过活"的观点。

全文用语辛辣，正话反说，旁征博引，思想深邃，此文自身就是一则寓言。读者如不字字细读、句句推敲，恐难以品出此文的寓意。

乍读时，难猜透作者写一、二两段的用意，甚至怀疑这两段是多余的。

第一段，先写我们对两个年龄段的人的态度：对小孩子，容忍、喜欢、保护；比我们年轻得不多的后生，则厌恨、嫉妒。段末总结原因是涉到年辈资格先后的人事关系上。对这一点，钱锺书先生深信不疑。

第二段，紧承第一段中论及的现代社会现象，回到历史中去。古代相当于小孩子时期，离现代近些的好比年轻不多的人，我们对古代和近代的态度跟对待人事关系一样。

作者在第三段开头便写道：这两段中的感想是作者偶尔翻看《伊索寓言》引起的。既然这样说，那么就一定不是败笔，作者是蕴有什么深意的。

继续阅读下文。

最后一段，作者先是举例卢梭。卢梭认为，小孩子不宜读寓言。缘故是，卢梭是原始主义者，主张复古。对应一二段来看，我们对小孩子或古代的态度是容忍、喜欢和保护，既然寓言里有坏心术，那么抱着保护的姿态，就应该反对小孩子读寓言，否则他们将失去天真。而钱锺书先生认为，"小孩子该不该读寓言，全看我们成年人在造成什么一个世界，什么一个社会。"如果我们成年人造成如第一段所描绘的按年辈资格先后处理人事关系的社会，那么小孩子就不该读反映此种社会关系的寓言；假如我们成年人造成像伊索寓言中所描述的是非分别、善恶果报都公平清楚的社会，那么小孩子就该读寓言。

作者还是举例卢梭。卢梭认为，小孩子读寓言，会被教得复杂；而作者以为，小孩子读寓言，会被教得愈幼稚了。缘故是，作者是相信进步的人。此等理由，作者在第二段中已强调过："没有老头子肯承认自己是衰朽顽固的，所以我们也相信现代一切，在价值上、品格上都比古代进步。"作者所谓的"进步"，实非真正的进步，否则就不会说小孩子读了寓言之后，"长大了就处处碰壁上当"了。

现代的"进步"，相较寓言里的"是非分别、善恶果报的公平清楚"，并没有更加公平清楚，反而在价值和品格上更退步。钱锺书先生对此，不是仅讽刺一下，而是对"好多浅薄的见解""非加以纠正不可"。

逝去的荒凉与落寞

—— 浅析《项脊轩志》

  归有光《项脊轩志》共有六段。第五段开头一句"余既为此志"，课下注解道："此志，指本篇中这一句之上的文章，从这一句以下是后来补写的。"据考证，"之上的文章"即一至四段是作者19岁写的；"后来补写的"即五、六两段，是作者35岁中举之后写的。

  本文用语朴素淡然，但感情浓厚，给读者荒凉与落寞之感。正如作者所言"亦多可悲"。

  首先是家族衰败之悲伤。

  归有光在文中描述了家族"异爨"的情形。

  原来，"庭中通南北为一"，是一个大院落，大家在一起吃饭玩耍，一起商量大小事务，亲密无间，和乐融融。项脊轩东面，是家族的厨房，有客人来，就在厨房里招待。大家从轩前来来往往，归有光在轩里读书，时间久了，能凭借脚步声辨识出是谁。

  可是，"迨诸父异爨"，情形大变。院内院外拉起了墙，各家各户设置了自己的门，大家变得生疏起来。客人们，也不是大家族的，而分散为伯叔各自的。他们越过轩东的厨房，到某一伯叔家的厨房去吃饭。不仅人生分，连狗和鸡也生疏起来。东家的狗对西家的叫，西家的不甘示弱对着东家的叫；鸡们，落得无人管理，不知该在哪里栖息，就到厅堂里。后来，族人越来越陌生，把篱笆做的墙改为石墙这样子又改了两次，干脆大家互不通信息，不相往来了。寥寥几笔，将封建大家庭分家后的颓败、衰落、混乱不堪的情状表现得淋漓尽致。鲁迅曾经说过："有谁从小康人家而坠入困顿的么？"此话透露出先生对家族衰落的无奈和悲哀。归有光也是悲伤的。古代有志之士是要"光宗耀祖"的。家道中落，乌烟瘴气，可能是因为家族里没有考中科举的子孙，"吾家读书久不效"。儿辈们科举无望，反以分家为能事，将钟鸣鼎食之家闹得四分五裂，祖母只有把振兴家族的任务交给归有光，"儿之成，则可待乎！"并把她祖父太常公宣德间上朝用的象笏给了归有光。这是荣耀，也是责任。可是归有光最后并没有完成祖母的嘱托——振兴家族，这一切怎能不令归有光悲伤呢？！

其次是功业无成之落寞。

没有振兴家族，归有光认为最主要的原因是科举不第，功业无成。

归有光"自束发读书轩中"，为科举考试积极准备。在第一段里，作者描写了自己陶然于轩中读书之景。

先是修补了项脊轩，不再漏雨；又在北墙开了四个小窗，变得亮堂；又筑起院墙，反射日光。项脊轩焕然一新，为主人读书做好了准备。最后，归有光在庭院里种植兰桂竹木，有了景致，便有了心情。一切就绪，"借书满架，偃仰啸歌，冥然兀坐，万籁有声"。作者完全沉醉在读书自得的寂寞日子里。小鸟、月光、风儿和桂影都来凑热闹，更增添了生活的期盼。创设情致，是为了读书；读书的目的，是考取功名。归有光更以巴清和孔明自况，表示虽处于偏僻一隅，却有信心终有一日能名扬天下。项脊轩，选择这三个字来命名，其实有更深的意思，因为其远祖颇有建树。那么，我们就更容易理解归有光。除了缅怀，更多的是他对先祖的敬仰和羡慕，以此命名，更是为了激励自己，有朝一日能如先祖有所成就。

但是直到35岁之时，他才中了举人，离祖母给予的期望"他日汝当用之（象笏）"这样的官职是不尽如人意的。"然自后余多在外，不常居"，寥寥几个字，虽然没有详细描述远离项脊轩、远离家乡在外颠沛流离的情形，但是我们更能想象得到，更能体味出归有光的愧疚与落寞之情。

再次是亲人逝去之荒凉。

从前四段来看，作者称呼母亲和祖母是"先母""先大母"，可见作者在15岁时，母亲和祖母已经离他而去；而五至六段主要在回忆自己的亡妻。

归有光知晓母亲，不是耳濡目染，而是从先大母婢那儿听闻的。母亲去世得早，归有光没有什么印象。"某所，而母立于兹""娘以指叩门扉曰'儿寒乎？欲食乎？'"老妪所说的，不过是先前母亲曾在何处站过，曾有过一些什么对话。她还没有说完，归有光就凄惶地哭了。这种追忆，无疑会引起过早失去母爱的作者的伤心。当娘的，对孩子的关爱，在吃饱穿暖平淡处；至于读书做官，是不大理睬的。平淡处，最为关情。做母亲的言语举止，是细微的，但溢满了母亲对儿女的爱。

祖母对孙子归有光有莫大期许。"大类女郎""儿之成，则可待乎"一两句话；"比去，以手阖门"，"顷之，持一象笏至"一两个动作，写尽了老祖母对孙子的关心、赞许的复杂感情。归有光每每"瞻顾遗迹"，便号啕大哭停不下来。

归有光写亡妻，只说："时至轩中，从余问古事，或凭几学书。"寥寥数笔，凝聚了夫妻之间相依相爱的深情。末尾，作者把极深的悲痛寄予一棵枇杷树。"庭有枇杷树，吾妻死之年所手植也，今已亭亭如盖矣。"枇杷树本来是无思想感情的静物，但把它的种植时间与妻子逝世之年联系起来，移情于物；在"亭亭如盖"四个字的前面加上"今已"这个时间词，表明时光在推移，静物也显示着动态。树长，人亡！物是，人非！光阴易逝，情意难忘。由于想念人而触及与人有一定关系的物，便更添了对人的思念；再由对物的联想，又引发对往事的伤怀。

小小项脊轩，从取名开始，就包含了归有光深深的期盼。后来，他把成长、仕途、亲情、爱情，悲喜之间的重要故事都融进了这里。走进项脊轩，能够感受到归有光的荒凉与落寞。

张衡作《二京赋》以讽谏
"自王侯以下逾侈"之人，对吗？

学习《张衡传》时，大部分学生对张衡所作的《二京赋》讽谏的对象，理解为"自王侯以下逾侈"之人，他们是根据上文语境来揣测的。原文为"时天下承平日久，自王侯以下莫不逾侈。衡乃拟班固《两都》作《二京赋》，因以讽谏"。从上文来看，讽谏的对象应该是"自王侯以下逾侈"之人，他们的推测没错。而有个学生则认为是"皇帝"，缘由是初中所学《邹忌讽齐王纳谏》中的"讽"字，"讽"是"用含蓄的话暗示或劝告"的意思，既然张衡对当时奢侈的社会风气进行批评，那为什么不直言不讳，非得含蓄劝告呢？显然，有隐讳，古代臣子伴君如伴虎，讽的对象应该是皇帝。学生话音刚落，全班便一片哗然。既然学生有不同见解，就不能忽视，就要解决问题。查阅了教参，上面这样翻译：用它来（向朝廷）（此处着重号，为笔者所加）讽喻规劝。教学参考书认为讽谏的对象应该是包括皇帝在内的整个统治阶级。

那么，张衡作《二京赋》，到底想讽谏谁？

笔者听了一堂省级优质课，老师讲《阿房宫赋》，整堂课以"赋"的"铺采摘文"为切入点展开。杜牧尽其所能铺叙阿房宫的美轮美奂、秦始皇的骄奢淫靡，是为揭示秦灭亡的原因并警示当朝皇帝的。受这节课的启发，我感到：要解决《张衡传》中的问题，须从"赋"入手，因为张衡讽谏的凭借——《二京赋》——便是一篇赋。有了这个意识，去书店就会格外留意。一次，在书店偶然碰见了龚克昌所著的《中国辞赋研究》。其中《论汉赋》开篇即说："汉赋的最大特点是几乎篇篇都在反对帝王的骄奢淫逸。"[1]为了论证这个观点，龚克昌列举了汉赋代表作家及其作品，关于班固的《两都赋》是这样阐述的："（《两都赋》）强调的是法度，他一面赞扬东都天子

---

[1] 龚克昌. 中国辞赋研究 [M]. 济南：山东大学出版社，2010：1.

举止的合度，一面批判西都天子行为的逾制。和西都天子比起来，东都天子已属俭约；可是作者还不肯就此罢休，他还要天子'昭节俭，示太素，去后宫之丽饰，损乘舆之服御'……班固拿'法度'作武器来臧否人物，来约束最高统治者过分的奢华。"①班固在对东都天子和西都天子的一扬一抑中表达了自己的思想，讽喻帝王要节俭戒奢。张衡乃"拟"班固《两都》作《二京赋》的，"二京"就是"两都"，即东都长安和西都洛阳，两赋地点一样；在布局谋篇方面，《二京赋》也完全模仿《两都》，《西京赋》和《东京赋》构成上下篇；而写作的目的，两者都指向当时逾侈之风。既然这样，"张衡赋乃是针对最高统治者的淫奢而发的"是毫无疑问的了。"这里只说'自王侯以下'，而不涉及皇帝本人，自然是'为尊者讳'，其实最大的'逾侈'只能是皇帝本人，赋也正是这样写的……其次才是剥削阶级中的富有阶层。"

《西京赋》假托凭虚公子，先夸耀西京长安离宫苑囿华美壮丽、珍物罗生、焕若昆仑，如此瑰丽的宫殿，皇帝还是不满足，"思比象于紫微，恨阿房之不可庐"。再写天子纵猎上林苑、水戏昆明池，无不纵情杀戮以为快事。作者张衡如此警告道："取乐今日，遑恤我后；既定且宁，焉知倾陁。"然后又批判天子生活荒淫无度，"适欢馆，捐衰色，从嫚婉"；还直截了当地揭发汉武帝"采少君之端信，庶栾大之贞固"的好仙行为。其间还穿插商贾、游侠、角觗百戏、嫔妃邀宠等方面的描写，展现出一幅繁荣富贵、穷奢极侈的京都景象。《东京赋》则假借安处先生，表达了作者对西京奢靡生活坚决否定的态度，"夫水所以载舟，亦所以覆舟。"张衡在《二京赋》中已清醒地认识到，在"承平日久"之时，如果皇帝不遵行节俭、体察民情，那么汉天下的倾覆便近在咫尺；至于剥削阶级中的富有阶层，也是上行下效，皇帝不恭俭，他们怎会节俭。问题的关键所在就是皇帝本身。

无独有偶，褚斌杰也表达了类似看法。"张衡的《二京赋》……其基本体制和创作意图，都不出司马相如《子虚》《上林》赋的轨迹。"②《子虚》《上林》赋假托子虚先生、乌有先生和亡是公的对话，大肆铺陈汉天子上林苑的壮丽及天子射猎的盛举。虽然作品以大量篇幅来描写和渲染，"而赋最后则以汉天子翻然悔悟，觉醒到'此太奢侈'，'乃解酒罢猎'做

---

① 龚克昌. 中国辞赋研究 [M]. 济南：山东大学出版社，2010：4.
② 褚斌杰. 中国文学史纲要：先秦、秦汉文学 [M]. 北京：北京大学出版社，1986：263.

结。就作品的主旨说，作者显然意在讽谏封建最高统治者不可过于奢侈和淫靡。"班固评司马相如赋时也曾说："相如虽多虚辞滥说，然要其归，引之于节俭，此亦《诗》之风谏何异？"①《二京赋》也增加些变化，但创作意图仍沿袭《子虚》《上林》赋，来讽谏帝王。

从张衡其人其事中能否见其端倪呢？

张衡生活于东汉由盛转衰时期，经历了章、和、殇、安、顺五个皇帝。章、和时期政治清明，国力强盛。此时张衡创作了传颂一时的《二京赋》。《二京赋》与汉大赋产生时的社会状况非常相似，都是"承平日久"。西汉，自汉武帝刘彻到宣帝刘询的时代，是国势最强盛时期，这在有些封建文人的眼中，是值得称颂的"盛世"，于是产生了歌功颂德的汉大赋，以"兴废继绝，润色鸿业"。汉大赋的作家，主要分为两类：一类是皇帝的文学侍从，受功名利禄的诱惑，不能不歌颂美化皇帝；另一类文人，在对强盛局面感到鼓舞的同时，又有一定清醒的头脑，对皇帝的奢靡生活进行讽喻。张衡属于后一类。首先他淡泊名利，"永元中，举孝廉不行，连辟公府不就"，"大将军邓骘奇其才，累召不应"，"不慕当世，所居之官辄积年不徙"，他写《二京赋》，其根本目的并不是来取悦皇帝；其次，张衡"世为著姓。祖父堪，蜀郡太守"。其祖父品学兼优，受到光武帝的赞赏和重用，为政既仁且威，"仁以惠下，威以讨奸"。张衡受祖父的影响，有兼济天下的胸怀，当"政事渐损，权移于下"时，就"上疏陈事"，规劝顺帝"恭俭畏忌，必蒙祉祚；奢淫谄慢，鲜不夷戮"；"时天下渐弊"，便"郁郁不得志，为《四愁诗》"，把"太山""美人"比作君王，寄托其伤时忧世的情怀。还有为官清明的政绩，"出为河间相"，"治威严，整法度，阴知奸党名姓，一时收禽，上下肃然，称为政理"。由此看来，张衡绝非皇帝一文学弄臣，而有着儒家积极入世的思想，对皇帝的肆意奢华怎能置若罔闻！

综上所述，张衡作《二京赋》讽谏的对象既不是"自王侯以下逾侈"之人，也不是包括皇帝在内的整个统治阶级，而只能是皇帝一人。

---

① 褚斌杰. 中国文学史纲要：先秦、秦汉文学 [M]. 北京：北京大学出版社，1986：265.

反思，忏悔

—— 读《小狗包弟》

　　《小狗包弟》是巴金先生写的一篇散文，叙述了一条曾与其朝夕相处的小狗在"文化大革命"中被送到医院做科研实验的故事。通过回忆小狗包弟的遭遇，作者进行了反思和忏悔。

　　反思：我瞧不起自己，我不能原谅自己。

　　作者听人讲一位艺术家和狗的故事："文化大革命"期间，艺术家遭批斗，"认识的人看见半死不活的他都掉开头去"，只有一只小狗"非常高兴地朝着他奔去"，因为它曾经被艺术家用吃的东西款待过。小狗被打之后，哀叫三天绝食而死。

　　听到这件事之后，作者又想起曾经养过的那条小狗（包弟）。

　　艺术家的小狗，不因为艺术家倒了霉，被游街示众而避开躲走，仍然一如既往地感谢他。狗之于人，只是一个物而已；在人落难之时，却不改一片忠心。这不禁令人感慨。作者会想：如果他落难了，如果包弟还活着，它定会"非常高兴地朝着他奔去！"毕竟自己养活了小狗包弟七年，"同我们一家人处得很好"。

　　跟艺术家不同的是，作者亲手终结了包弟的生命，"杀"死了它，理由是"为了想保全自己！"

　　"文化大革命"结束后，艺术家被放了出来。他做的第一件事，是买几斤肉去看望那只小狗。艺术家对小狗的态度和做法，与作者形成鲜明对比。作者却把包弟视为"包袱"，主动甩掉了它。从艺术家的身上，作者看到了自己的龌龊和无情。

　　从"狗"和"艺术家"这两个对象，作者审视、反省自己的所做所想。无论恩人多么穷困，狗不会忘恩，也绝不离弃。艺术家对与之患难与共的小狗感激不尽。而作者怎么做的呢？亲手将他的小狗送到解剖桌上。作者反思自己为另一个"对象"，换位思考，从"别人"身上反过来看自己，"感到耻辱！"

所谓"反思"，即"从对象返回自身"，"把自己的本质对象化，把自己也看作对象，尝试用一种好像是'别人'的眼光来看我自己"。[①]巴金先生反省自身的弱点，简直到了严酷的地步，这是现代知识分子心灵的觉醒，具有震撼人心的思想力度。

在"文化大革命"时期，作者对一条小狗犯下不可饶恕的错误。那么社会上其他的人都干了些什么呢？"就痛打，拳打脚踢，棍棒齐下，（艺术家）不但头破血流，一条腿也给打断了。""让专政队拖着他（艺术家）游街示众。""认识的人看见半死不活的他（艺术家）都掉开头去"。"一些人在大声斥骂（年老工商业者），有人摔破坛坛罐罐。""小孩时常打门大喊大嚷，说是要杀小狗。"批斗的人、专政队的人、认识的人，甚至连小孩子，也都参与抄"四旧"运动。在这场全民运动中，个人与群众暴力、个人与极左路线之间到底应该是什么关系？作者不仅仅在对自己进行反思，更是对那个时代的反思。时代是一面镜子，照出人性的弱点。作者对包弟的残忍，固然有时代的原因，但绝不应该成为开脱责任的理由。因此，作者说："我瞧不起自己，我不能原谅自己！"

忏悔：我怀念包弟，我想向它表示歉意。

包弟被送走之后，作者感到甩掉包袱的轻松，这实际上是一种自欺，作者用这种办法来麻醉自己，放弃自己清醒的判断而蒙蔽自己。

包弟在作者家待了七年，给家人带来了许多快乐。他爱人萧珊喜欢它，朋友们也都很喜欢。人与狗和谐相处，不可分离。这么深厚的感情，因为怕受牵连，想保全自己，作者竟然立刻绝情割断。天底下还有像"人"这样冷漠的吗？这完全是人性中的劣根性在作祟。

"鲁迅经常批判中国人的国民劣根性，实际上，人性本身就有劣根性，那是摆脱不了的。""对于人性的劣根性来说，它是没有办法克服的，它就是自我意识的本质结构。人有自我意识，自我意识就带有自欺性。"[②]裹挟在那种打、砸、抢的"实在可怕"的时代中，作者自我意识中，首先要保全自我、保护家人，这本无可厚非。但是妄想用一条小狗的生命来换取自身的安全，就是自欺欺人了。

① 邓晓芒. 哲学起步 [M]. 北京：商务印书馆，2017：139.
② 邓晓芒. 哲学起步 [M]. 北京：商务印书馆，2017：169.

包弟的死，没有改变作者的境遇。"自己终于也变成了包弟"，"可耻地开始了十年浩劫中逆来顺受的苦难生活"。

整整十三年零五个月过去了，院子里没有了包弟，没有了一起散步的人，没有了隔壁年老的工商业者；葡萄藤被挖走了，好几株花少掉了；脚下是一片衰草，竹篱笆换成了无缝的砖墙……物是人非，满园创伤，这让作者"仿佛又给放在油锅里煎熬"。

"这样的煎熬是不会有终结的"，作者永远在忏悔。"真正的忏悔是承担自己的责任"[①]。作者用文字，表述出自己对一条小狗所犯下的过错，这于作者而言就是在承担自己的责任，承担心灵上的欠债。因此，作者真诚地呐喊："我怀念包弟，我想向它表示歉意！""一个具有忏悔精神的人或者民族，当然并不能避免犯错误，但不会老是重复犯过的低级错误。"[②]

在四川成都举行的第二届巴金学术研讨会上，巴金先生发表了一篇公开信，说："我提倡讲真话，并非自我吹嘘我在传播真理。正相反，我想说明过去我也讲过假话欺骗读者，欠下还不清的债。"巴金先生首倡讲真话，这种"不隐善不讳恶"的思想品格，代表着无数正直知识分子的良知。他批评"文化大革命"年代是说谎成风的时期，忏悔自己讲过假话；在"今天"，他不怕大家嘲笑，要讲真话，要真诚地向包弟表示歉意！

《小狗包弟》看似写物，实则写人，写出了巴金先生深刻的反思和真诚的忏悔。

---

① 邓晓芒.哲学起步［M］.北京：商务印书馆，2017：207.
② 邓晓芒.哲学起步［M］.北京：商务印书馆，2017：200.

哲学思考是让人乐此不疲的冒险活动
—— 读《你的第一本哲学书》①

托马斯·内格尔在著作 *What does It all Mean*？（《你的第一本哲学书》）中问了九个哲学问题，分别是：

> 我们能否认识意识之外的世界？
>
> 我们能否认识他人的意识？
>
> 意识与大脑之间的关系是怎样的？
>
> 语言如何获得意义？
>
> 我们是否有自由意志？
>
> 道德的基础是什么？
>
> 何种不平等是不公正的？
>
> 如何理解与面对死亡？
>
> 如何思考人生的意义？

你可能想通过阅读这本书，来找到困扰自己的一些问题的答案。但实在遗憾，作者用103页纸进行了充分阐述也没能给出答案。当你翻到最后一页并读完最后一行字后掩卷沉思，你可能比以前更加困惑、更加迷茫，禁不住质疑：这难道是理智之人写的书吗？没错，是美国当代著名哲学家写的脍炙人口的哲学普及读物。托马斯·内格尔在书中坦诚地说："这些（以上9个）问题绝大多数都尚未被解决，并且其中一部分或许永远也无法解决。本书的目标并非是给出答案。"

既然本书不能解决问题，不会给出答案，那么读这本书，对我们有什么益处？

---

① ［美］托马斯·内格尔. 你的第一本哲学书［M］. 宝树，译. 北京：中信出版社，2016.

一

托马斯·内格尔在书中说："（本书）把你引向这些问题，使得你能够自己思考。"作者界定本书的受众群体是初步接触哲学者，目的是让人对哲学有一个初步的印象，然后引导读者去思考。那些从小放羊长大还放羊的人，可能不会思考"外部世界是否存在？你怎么知道在你自己的意识之外，还有任何别的意识存在？在意识和大脑间有什么关系？是否真的有是非对错？生命有意义吗？死亡是什么？"等等问题，他们一直过着祖辈们的生活："放羊干什么？娶老婆。娶老婆干什么？生娃。生娃干什么？放羊。"当然，放羊娃的生活，不能说不是一种生活状态，不能以好坏而论，只是，如放羊娃能识字，能读托马斯·内格尔这本书，就会反思：放羊的生活有多大意义？眼前的世界是世界的全部吗？经过思考，他可能会放弃祖辈传下来的生活方式，而将眼光投向更遥远更广阔的地方，去开拓新的生活。如果放羊娃能不断反思，那么托马斯·内格尔写这本书的目的就达到了。此书作为经典的哲学入门书，是作者作品中流传最广的。这足够说明托马斯·内格尔通过此书已经引导许多人去思考去追问了。

"你唯一可以确定为存在的，就是在你自己意识之内的东西。"当读到托马斯·内格尔这句武断而绝对的话，你可能会停下来想一想：难道外在客观世界不存在？你再认真思考一番，便无比惊讶：的确如此！眼前的桌子，是你意识到的。你怎么证明它是客观存在的？如果你说，你有眼，看到它正被安放在那儿；你有手，摸到它正泛着凉意。可是，这还是你用自己的意识来判断桌子的存在，是循环论证，用你的意识来证明你的意识。这种论证是枉然的。不难推断，只有你的意识才是唯一存在的东西，其他的客观世界是不存在的。这种观点，你真的同意吗？如果说客观世界是不存在的，那么你怎么证明呢？你可能就这些问题继续想下去。譬如，人人都会做梦，庄周梦蝶是两千多年前中华文化的重大事件。"夕者庄周梦为胡蝶，栩栩然胡蝶也，自喻适志与！不知周也。俄然觉，则蘧蘧然周也。不知周之梦为胡蝶欤？胡蝶之梦为周欤？周与胡蝶则必有分矣。此之谓物化。"庄周梦蝶还是蝶梦庄周，难以说清楚。如果梦境是现实的反映，那么庄周的梦境便是客观世界，不是意识。这样说是不是能证明意识不是唯一存在的东西呢？是不是客观世界是存在的呢？"此之谓物化"，庄子认为，万物化而为一，庄周和胡蝶化而为一，人与自然合而为一。可能你对我的推理有些思考，不会轻易相信，可能会推翻。这正是作者托马斯·内格尔想看到的结果——你能独立思考。"本书将传达在当代西方哲学中最为核心的东西——思想自由的理念。它会使读者感到，要评估每一种要求、每一条论证和每一套理论，并且尝试判断它们是否可信，最终依赖于每一个人自己的独立思考，而非听命于权威。"托马斯·内格尔在自序《致中国读者》中说到。

二

读过此书的人，比以前更能理解这个世界、我们自身以及二者关系。

托马斯·内格尔说："哲学的源泉在于我们生活的世界，以及我们与世界的关系。"作者对哲学的理解很接地气，认为哲学源泉不在天上，不在地里，而在我们自身和外在世界，这跟我们印象中的晦涩难懂的哲学不一样。哲学不是神的哲学，而是关乎人的学问，旨在探究"我是谁？""我从哪里来？"等等问题，这是每个人都会关心的问题。拿笔者和女同事来说，确信自己生活在21世纪的地球上的中国的某省某市某区某个家庭，有工作单位，角色是女儿、妻子、母亲和教师。人生的意义，首先要担起一定的责任，有家庭的，有工作的，也有作为公民的。托马斯·内格尔在书中引导我们很好地理解自己和周围的世界的关系是互相依存、和谐统一的。如果你是一个学生，也应该有相应的基本责任和生活意义。我们当下的每个人都是。周围客观世界，是我们的依存；而我们或推动或拖累了客观世界的发展。我们跟世界有着千丝万缕的联系，脱离了世界就没法生存。有人跟我提出鲁滨逊的故事来反驳，鲁滨逊之所以能存活下去，在于他将船上的物资搬运下来并充分利用。这难道不是鲁滨逊跟世界存在的不可或缺的关系吗？试想一下，鲁滨逊没有船上的物资，他能活下来吗？鲁滨逊终究是没有脱离世界，周围的世界对鲁滨逊个体发展有促进作用，二者互为关系。我们运用哲学的眼光思考探究这些哲学问题，往往会更加困惑。

笔者以前弄不清楚自己生存的价值到底有多大，经常拿自己跟上到小学六年级就不上学的发小比较。"我的价值到底有多大？"我经常问自己。作为一名教师，可能因为自己的一句话、一段批语或一些知识而改变某些学生的低迷的状态，鼓足某个学生的学习士气，但也可能贻误了某些学生。一个教师的生涯中不可能都是正面影响，负面影响虽很少，但不否认它的存在。但这些负面的影响，在笔者发小的工作中就不会产生。其实跟发小的这种比较毫无意义，因为没有可比的标准，自然比较不出什么公正的结论，自取无聊而已。托马斯·内格尔说过："如果说我们所做的事情有什么意义的话，我们也要在自己的人生中去寻找。"如果我们一味地拿自己跟别人去比较，会迷失自己，要在自己的人生中寻找到生存的价值意义。王维被排挤出朝廷走上边塞之路，沿途的戈壁大漠，一望无垠，蓬草翻滚，归雁长鸣，孤烟直上，无尽黄河，落日浑圆。当王维把自己放在如此浩瀚广阔的天地里，心胸一下子开阔起来：自己人生中这点事情是多么微不足道。苏轼，因"乌台诗案"被贬黄州，被囚禁一隅之地，像从云端跌至深渊。当苏轼泛舟赤壁之战古战场，想到曹操、周瑜等一世之雄，在悠远的历史长河里，苏轼发出了"寄蜉蝣于天地，渺沧海之一粟"的感慨，心胸随之开阔，自己人生中这点苦难也会流逝成为过去。如果人生跟某种更开阔更伟大的东西发生了关联，我们是不是应该思考：既然不可比较，那么就过好自己的人生吧，这才是意义所在。

三

为什么我要连读三遍托马斯·内格尔的《你的第一本哲学书》？除了有些内容看一遍实在看不懂之外，书里的哲学思考过程缜密而精彩，让我流连忘返。

托马斯·内格尔在本书导言中写道："哲学思考的过程只是提出问题、论证观点、提炼出观点，同时又思考可能的反驳，并且试着发现我们的概念究竟是如何运作的。"作者所说的完全体现在其书中对九个问题的探究过程。提出问题，具体论证观点，质疑反驳，试着发现概念运用，整个过程是展开推理论证的过程，是运用批判性思维的思辨过程。

例如第八章"正义"。开头第一段，开宗明义，提出论题：人生有不公平现象；面对不公平，我们该做些什么。

第二段至第八段，详细分析不公平、不平等现象以及造成的原因。不公平、不平等现象，分为两类：一类是运气造成的，一些人生在锦衣玉食之家，另一些人却生在贫困家庭，这不是我们能够决定的，靠运气；另一类是刻意造成的，种族歧视、性别歧视等等。造成的原因，作者主要强调自然天赋和家庭背景。

第九段至二十一段，详尽分析两点：造成不平等的原因有哪些是错误的？用何种方法干预这些不平等才是正确的？对第一个问题，作者主要认为是刻意的种族歧视和性别歧视。第二个问题，通过社会再分配和社会福利机制来实现。

第二十二段，拓展延伸，以上二十一段所说的主要是一个社会内部的正义问题，从世界范围来说，问题还要复杂得多。

从第八章来看，作者主要是按照导言中所说的哲学思考的过程来展开的，有条不紊，层层推进。其实作者尝试着归纳出结论，但实际上结论也不一定让读者信服。譬如，"尽管人们都想发展和运用自己的才能，但是对于大多数人来说，无论怎么努力，也不可能拥有卓别林那样的演技，毕加索那样的艺术造诣，或者亨利福特那样造汽车的本事。"这部分内容，可以看出作者强调自然天赋对人有重要作用的观点。而实际上造成不平等很大程度靠的是人的运气。这点，固然有理，但过分强调，就失之偏颇。难道卓别林、毕加索到达艺术的巅峰，就是前无古人后无来者？

但是其推理的过程缜密深入，如一位高手推理数学题一样，让读者直呼过瘾。

譬如第七章"对与错"里的片段："不过要是图书馆偷书的人根本不把其他人当回事，假如他能够逃避惩罚的话，他又有什么理由控制自己不去干那些通常被认为是错误的事呢？他有什么理由不去杀人放火、坑蒙拐骗？如果他通过这种方式能够得到自己想要的东西，为什么不应当这么做呢？而且，如果没有理由可以解释他为什么不应当这么做，那么说这种行为是错误的，意义又何在呢？"先假设图书馆偷书人根本不在乎别人读不读，只想到自己的方便和愉快就偷书，作者推出的结论是——没有任何理由不去干错误的事情。然后假设偷书人偷到了书籍，那么结论是这个偷书人会继续偷。接着进一步假设，没有任何理由能解释他不应当这么做，却说这种行为错误，那么意义何在？三层意思，从假设面入手，像剥洋葱一样，层层地展开分析，不断质疑，不断反问。

托马斯·内格尔在书中写道："哲学思考是一种多少让人感到晕头转向的冒险活动，并且其成果中也只有极少部分能够长期免于非议。"即便作者明确地提醒我们，我们还是愿意去冒险，进行哲学思考。

侣鱼虾而友麋鹿，抱自然而长终
—— 读《普利什文散文》^①

普利什文是谁？米哈伊尔·普利什文（1873—1954年）是俄国杰出的散文大师之一。

其散文内容，是以自然以及人与自然的关系为唯一对象，因此普利什文获得了"俄国北方自然的发现者""鸟儿、大地和星星的歌手""大自然的歌者"等诸多称谓，而他曾自称"一位视万物皆似人的泛灵论者"。

其散文风格，特别在文体上有着清晰的识别符号，篇章放在任何一部合集中都可以轻易地被识别出来，普利什文将自己的体裁定义为"诗意地理学"。所谓"诗意"，是用言简义丰的诗歌来写散文，他自己说"一生都在为如何将诗歌置入散文而痛苦"。"地理学"，将自然当作一门学问来研究，看到了一般人注意不到的现象，得出了一般人推断不出的结论，其关于自然和人类的体悟思考之深可知矣。对自然诗意的描摹、富有哲理的沉思，再加上日记体和格言式的文体、从容的节奏和亲切的语调等等，这一切合成了"普利什文风格"。这种散文风格已被公认为世纪俄语文学最重要的收获之一。

阅读《普利什文散文》，最让我感动的莫过于两点。

第一，普利什文具有一双善于发现的慧眼，对事物明察秋毫。

普利什文一辈子住在森林里，一辈子写森林，对每一种动物、每一种植物、每一类现象和每一个瞬间，对它们的习性、生长和变化，如数家珍。其实一辈子写森林的作家不在少数，但是能达到普利什文水平的却少之又少，关键因素之一是"缺少发现美的眼睛"。普利什文在《林间小路》中如是说道："我记得，当初我住在湖边一处废弃的豪宅里，从光的春天刚刚开始的日子起，每天都写观察日记……""每天都写观察日记"，如此观察，连一丝纤尘也逃不过他的眼睛的。

---

① ［苏］普里什文. 普里什文散文 [M]. 潘安荣，等，译. 北京：人民文学出版社，2008.

普利什文曾写过一篇《沼泽》，一见"沼泽"二字，大多数人脑中立刻浮现出这样的情境：茫茫一片，望不到边；没有树木山岭，单调乏味；野兽踪迹罕至，毫无生机。为什么我们会这样认为，可能看到好多书就是这样描写的。实际我们并未用自己的眼睛或者没有机会去观察，只是人云亦云罢了。

而普利什文笔下的"沼泽"，简直就是各种鸟儿的天堂："我常常发现，远在曙色迷离之前，这音乐会的第一个音符是杓鹬唱出来的。那是细声细气的啼啭，全然不像人人熟悉的那种啁啾。后来白山鹑叫起来，黑琴鸡也就放出啾啾之声，发情的雄黑琴鸡有时就在棚子边嘟嘟囔囔起来。这时候，往往还听不到杓鹬的歌声，但是一等旭日东升，到了最辉煌的时刻，你一定会发现杓鹬便引吭高歌了。那歌声十分欢快，像是舞曲：为了迎太阳，这舞曲像鹤鸣一样，是必不可少的。"

"常常"一词说明作者并非观察一次，而是多次，否则怎能辨出"第一个音符是杓鹬唱出来的"，且声音有别于"人人熟悉的那种啁啾"的细声细气的啼啭，又在"曙色迷离之前"。"一等旭日东升"，杓鹬不会再"细声细气"了，一定"引吭高歌"。在众多的鸟儿中，作者能区分出哪种鸟儿先啼叫第一声，哪种鸟儿发出第二声；各种鸟儿的叫声各不相同，同一种鸟儿不同时间叫声也不相同，雄鸟、雌鸟叫声也有差别，人们熟知的是一种叫法，还有人们所不知的。

即便是一滴水，在普利什文的笔下也被描写得细致入微。"许多闪着金光的水滴直接落在地面上"，水滴在太阳光里着上了金色的外衣，"闪着金光"；"但是更多的水滴是从小树枝上流到大树枝上，又从大树枝弯弯曲曲地顺着树干向下流，一直流进土地中"，更多水滴流到土地的道路曲折，分三步走。就像电影里的慢镜头一般，将水滴的曲折之路无限夸大，也将水滴奔向自由的快乐之感无尽渲染。"在阳光灿烂的白天，橡树整个巨大的树身都发出耀眼的银光"，水滴流满了橡树整个身躯，阳光之下，熠熠生辉。

是什么原因让普利什文如此兴致勃勃地在充满危险和艰辛的森林里耐心观察和不懈写作？应该是他对大自然的深情。这也是我要说的第二点。

普利什文主张人类在面对自然和自然中的一切时应保持一种"亲人般的关注"，这种主张后来也成了他的生活和创作态度，成了他的世界观。大自然就是他温暖的家，自然界的万物都是他的亲人。普利什文在《我母亲的梦》中如此抒写他的深情："但自然却在安睡，和亲爱的母亲做着同样的梦；她睡着，和亲爱的母亲一样在按照自己的方式关照我，我砰的一声关上车门，跳过壕沟，此刻正默不作声地坐着，而她却不安起来，——他哪儿去了？他出了什么事？""我赶忙咳嗽了一声，她这才放下心来：他在某个地方坐着呢，也许在吃东西，也许在幻想着什么。"

自然就像亲爱的母亲一样关爱着"我"，"我"也像眷恋着母亲一般眷恋着自然。一位作家对自然的温情，也莫过于此了。

在普利什文看来，大自然和人一样是有生命的，甚至自然中的每一个存在和现象都有生命：沼泽里小鸟姬鹬，"在它那若有所思的黑眼睛中，也含有所有沼泽欲回忆点什么的永恒、枉然的一致企图"；森林里每一朵小花，"都是一轮小太阳，都在叙述阳光和大地相会的历史"；冷冷的冰块，"要在阳光下饱受煎熬，直到橡树体内的树汁开始活动的时候，它才会在一个盼望已久的时刻突然滑进河里，变成水"。

如此的创作理念，让普利什文达到了一种"天人合一"的境界。

> 我站立，我成长，——我是植物。
> 我站立，我成长，我行走，——我是动物。
> 我站立，我成长，我行走，我思想，——我是人。
> 我站立，我感觉：在我的脚下是大地，整个大地。
> 脚踏大地，我挺起身体：在我的头顶是天空，我的整个天空。
> 这时，响起了贝多芬的交响乐，它的主题就是：整个天空都是
> 我的天空。

这是一个与自然融为一体的人的形象。普利什文写自然，其实就是在写人，将自然视为"人的镜子"。他在《跟随魔力面包》中写道："研究作为自然的民间生活形态，也就是在研究全人类的灵魂。"反过来，他又把对人类的情感投射到了自然里，正如帕乌斯托夫斯基所言，作为"大自然的歌者"的普利什文，他"对大自然伟大的爱来自他对人类的爱"。与自然融为一体，天地人和谐共生，普利什文为我们描绘了一幅美好的前景图。

《普利什文散文》让读者怦然心动的不仅仅有以上两点，那只是笔者一家之言罢了。要想获得更多的自己的感受，我向同学们建议：读一读普利什文吧！

第三章 选修课课程教学设计

选修课课程教学设计

高中语文选修课课程的设置，是新课改的亮点，改变了过去只有必修课课程的单一设计模式，进一步丰富了课程内容。选修课课程遵循共同基础与多样选择相统一的原则，既面向全体学生，让学生获得必要的语文素养；又增强课程的选择性，为每一个学生创设更好的学习条件和更广阔的成长空间，促进学生个性的发展。而要实现选修课的意义，就必须做好"选修课教学设计"这一核心环节。只有通过教学设计，才能体现出选修课的特征，实现选修课的价值。本章围绕选修课的教学设计，就对选修课的三点认识、选修课具体教学设计、教学设计三种主要类型展开阐述。

一、对高中语文选修课课程的三点认识

自高中语文选修课课程设置以来，大家对一些问题一直讨论不休：选修课的性质是什么？选修课的课程目标是什么？选修课与必修课有哪些联系与区别？只有厘清这些问题，才能更好地进行选修课的教学与设计。下面就选修课的性质、课程目标、与必修课的关系三方面谈一些自己的认识。

（一）高中语文选修课课程特征

《普通高中语文课程标准（实验）》（以下简称《新课标》）规定："工具性与人文性的统一，是语文课程的基本特点。"[①]高中语文课程包括必修课课程和选修课课程两部分，既然选修课课程是高中语文课程的一部分内容，就应该具有"工具性和人文性"的学科特征。

工具性，一般着眼于培养学生对语言文字的理解和应用，使学科有"工具"的作用；人文性，则是着眼于学生情感、态度和价值观的培养，使学生有人文素养。二者在选修课中是密不可分的。这种特征通过选修课的五个系列体现出来。新课标将选修课课程设计成五个系列，分别是诗歌与散文、小说

---

① 中华人民共和国教育部. 普通高中语文课程标准：实验 [S]. 北京：人民教育出版社，2003：1.

与戏剧、新闻与传记、语言文字应用与探究、文化论著选读与专题研讨。"诗歌与散文""小说与戏剧""文化论著选读与专题研讨"三个系列侧重文学性质，注重学生文学素养的培养，人文性特征突出；"新闻与传记""语言文字应用与探究"则注重学生语言文字的培养，工具性特征突出。

选修课五个系列分别侧重某一特征，这只是相对的。实际上，选修课的每个系列本身都是工具性与人文性的统一。譬如即使人文素养很浓的"诗歌与散文"系列，也提倡在教学中"借助工具书和有关资料，读懂不太艰深的古代诗文……"表现出其工具性的一面。同样，在工具色彩较浓厚的"新闻与传记"系列，也提倡"了解传主的人生轨迹，从中获得有益的人生启示……"也表现出其人文性来。

（二）高中语文选修课课程目标

新课标提出必修课和选修课的总体目标，而且还制定了选修课的五个系列的课程目标。目标的提出，是为了指导教学实践，以达到好的效果。

1.高中语文选修课总体目标

通过选修课的学习，学生应该在"积累整合、感受鉴赏、思考领悟、应用拓展、发现创新"五个方面得到发展。

积累整合语文知识、能力、学习方法和情感、态度、价值观等方面，切实提高语文素养。特别提出对有个性的学习方法的积累。选修课重视促进学生有个性地发展，个性学习方法积累也是培养学生个性发展的一部分。

感受鉴赏优秀作品的思想和艺术魅力，提升审美境界，提高道德修养。选修课所选的篇章都是经典，学生通过学习可以提高鉴赏能力。

思考领悟经典名著和其他优秀读物的丰富内涵，探讨人生价值和时代精神，以利于形成自己的思想、行为准则，树立积极向上的人生理想。对于选修课的篇目，学生要敢于质疑，养成独立思考的习惯，以增强自己的思考领悟能力。

应用拓展，应用祖国语言文字，拓展语文学习的范围，通过广泛的实践，提高语文综合应用能力。要根据学生的需要和爱好，引导学生在自己喜爱的方面有所发展，提高应用和拓展的能力。

发现创新，从习以为常的事实和过程中发现问题并尝试新的解决方法，追求思维、表达的创新。选修课要引导学生多角度多层次阅读，并要于无疑处说出自己的看法。

选修课的这五个总体目标，是逐层提升的关系。有了一定的积累整合，才能达到一定的感受鉴赏、思考领悟的水平。在此基础上，学生才能学以致用，才能质疑创新。选修课总体目标的设计，既体现了基础性，又体现了个性。

2.高中语文选修课系列目标

高中语文选修课课程设计了五个系列：诗歌与散文、小说与戏剧、新闻与传记、语言文字应用与探究、文化论著选读与专题研讨。《新课标》分别规定了这五个系列的课程目标。现就"诗歌与散文"部分，试着解读。

《新课标》关于这部分共提出了五条目标。第一条是："培养鉴赏诗歌和散文作品的浓厚兴趣，丰富自己的情感世界，养成健康高尚的审美情趣，提高文学修养。"此条意在培养兴趣，这是最基本的。如果学生对选修课课程没有兴趣，何谈其他目标？高级目标是提高修养，这是最根本的。第一条目标是这部分的总目标。

第二条是："阅读古今中外优秀的诗歌、散文作品，理解作品的思想内涵，探索作品的丰富意蕴，领悟作品的艺术魅力。用历史的眼光和现代的观念审视古代诗文的思想内容，并给予恰当的评价。"此条目标提出学生要阅读，阅读之后才能"理解""领悟""评价"等，这是一个过程。

第三条是："借助工具书和有关资料，读懂不太艰深的我国古代诗文，背诵一定数量的古代诗文名篇。学习古代诗词格律基础知识，了解相关的中国古代文化常识，丰富传统文化积累。"此条目标侧重方法——怎样去学，基础知识需要积累什么，基本能力需要具备哪些。我国古代诗词具有很强的格律，不了解一定的格律基础知识，很难深入解读其内涵。背诵，是我国传统意义的学法，"书读百遍，其义自见"，背诵也是一种很好的方法。

第四条是："学习鉴赏诗歌、散文的基本方法，初步把握中外诗歌、散文各自的艺术特性，注意从不同角度和层面发现作品意蕴，不断获得新的阅读体验。"此条目标也是侧重方法，较上面第三条更为具体，要求学生把握诗歌、散文的写作规律和文体特性。

第五条是："尝试进行诗歌、散文的创作，组织文学社团，展示成果，交流体会。"此条目标的切入点是"创作"，也就是运用，光阅读、鉴赏，不学着创作，是很难上一定档次的。

综合诗歌散文的这五条目标来看，还是贯穿了《新课标》所提出的三个课程目标——知识和能力、过程和方法、情感态度和价值观。以上的第一条主要体现"情感态度和价值观"，第二条和第五条主要体现"过程和方法"，而第三条和第四条主要体现"知识能力和方法"。当然，二至五条其中也有对"情感态度和价值观"的阐释。由此看来，选修课的目标设计，应该是与这三维目标融合在一起的。

不同种类的选修课的课程目标是不一样的。比如"唐诗宋词选读""唐宋八大家散文选读""19世纪欧美经典小说选读"等文学类作品课程，注重情感和审美体验；而"语言的应用"等重在培养学生掌握语言、运用语言的技能；"《论语》《孟子》选读""《史记》选读"等文化论著类选修课，要求进一步提高文言阅读能力的同时，重在培养学生思想的深刻性和思辨能力。因此，课程目标不同，选择的教学方式和方法也不同。另外，选修课课程不一样，内容也不一样，比如同为诗歌选修课，还分古代和现当代、中国和外国。教学内容决定了教学方式和方法。如选修诗歌，可以搞个诗歌朗诵会，但是选修语言的运用，就不好再搞朗诵会了。

（三）高中语文选修课与必修课的关系

必修课关注学生基本的语文素养，注重知识与技能的基础性和均衡性，为学生的一般发展奠定基础。必修课的内容是有限的，在知识的广度和深度上受到一定的限制，而选修课恰恰弥补了这一不足，为高中生提供了更大的选择空间。比如，有的学生痴迷于中国古典诗词，通过选修课可以再提升他们这方面的水平。

高中语文选修课课程，是立足于必修课这个基础的，更应该致力于让学生有选择地学习，促进学生有个性地发展而设置课程。[①]让学生通过多样的选择来提升语文素养，促进他们均衡而有个性的发展。《新课标》中列举的选修课五个系列，学生可以有选择地学习。

选修课姓"选"，重在选择，这并不意味着高中选修就是大学的选修。受评价机制和教学条件的限制，实际教学中高中生选择的余地并不是很大，选修的科目由老师、学校或有关教研室来定，教师还是自己的教师，教室还

[①] 中华人民共和国教育部.普通高中语文课程标准：实验 [S]. 北京：人民教育出版社，2003：4.

是从前的教室。也就是说，"个性的选择"只是相对而言的。某些地方，学生甚至完全没有选择的权力，这完全违背了选修课开设的初衷。那么，是不是学生的选择权力可以无限放大，走向另一个极端——完全自由地选择呢？也不是。选修课的选择只是相对的。此时，教师的引导尤为重要。

如《唐诗宋词选读》（山东人民出版社）共收录了诗词87首，要不要都背会？其中白居易的《长恨歌》要不要背诵？辛弃疾的词一共收录了6首，上课要研读哪几首？诗歌朗诵会是以朗诵古典诗词为主还是朗诵自己创作的为主？再如《中国古代小说选读》《中国现当代小说选读》，大家喜欢研读哪本？像这样的选择，教师要加以引导，并最大限度地满足学生的选择权。

就目前的选修课教学情况来看，主要是为各学校高二年级开设。进入选修阶段，学生已完成了五个必修模块的学习，在此基础上，带领学生围绕某种思想、某位作家、某种文体、某个阶段、某一文化现象或某一语言知识的内容进行纵深或广泛的学习，使学生语文素养获得较大的提高。

选修是以必修为基础的，没有这个基础，那就成了空中楼阁。有了必修这个基础，选修才能着眼于差异性、多样性，才能拓展和提高学生的能力。由此看来，必修与选修，是相辅相成的关系。

二、高中语文选修课课程教学设计

高中语文选修课课程的教学设计，较必修课灵活，但绝非凌乱盲目，是有一定依据的。下面就选修课设计教学和三种选修课型设计做一些解读。

（一）对新课标中选修课设计与教学的认识

1.以课程目标为依据

必修课和选修课在总目标上是一样的，但是各自具体的目标是不一样的。选修课分有五个系列，分别有具体的课程目标。所以在确定选修课的设计和教学时，应以选修课课程目标为依据。

2.充分考虑学生的需求和实际水平

经过九年义务教育，再加上高中必修一到必修五的学习，使得学生的语文素养有一定的基础。学生的发展不一样，有些学生会在某一方面表现出自己的特长和个性，而另一些学生则在其他方面表现出天赋。于是学生对选修课的期待不一样，需求的知识范围和深度也是不一样的。在设计选修课教学时，要充分考虑这些问题。

3．选择与课程内容相适应的教学方法

教学方法是为了达成教学目标而运用的手段，一般需根据教学目标来确定教学方法。可是在选修课里，不仅要依据教学目标，还要根据课程内容来确定教学方法。有的选修课属于应用性目标，课程内容侧重某一方面的专业知识和技能，那么相适应的教学方法可以是表演、活动等；有的选修课属于审美性目标，课程内容侧重情感和审美的体验，那么相适应的教学方法可以是诵读、讨论等；有的选修课属于探究性目标，课程内容侧重思辨和推理，那么相适应的教学方法可以是合作、探究等。

4．教师发挥积极性和创造性

为什么选修课的教学和设计，要特别强调教师的积极性和创造性？原因很简单，选修课教师的授课方式不同于必修课讲授式授课方式，方式可以更灵活、更有创意。这就要求教师要积极地转变角色，变必修课的讲授为选修课的指导；积极地帮助学生选择，满足学生的需求；积极地提升自己，发挥自己的专长；有创意地解读课程，创造性地选择教学方式方法等。

（二）高中语文选修课的教学设计

无论是必修课还是选修课，都属于语文课程，所以选修课的教学设计一定具有语文课程的一般设计因素和步骤。只是在某些具体的方面选修课具有独有的特点，与必修课有些差异和区别。下面就选修课的教学设计做一具体解释。

1.教学目标的确立

选修课教学目标是选修课教学活动要达到的效果或活动标准。选修课教学目标设计包括：教学目标确立的依据、教学目标的内容要求。

（1）教学目标确立的依据

第一，选修课课程的基本理念。高中语文课程根据新时期高中语文教育的任务和学生的需求，从"知识和能力""过程和方法""情感态度和价值观"三个方面出发设计课程目标。在全面提高学生语文素养的基础上，注重语文应用、审美与探究能力的培养，促进学生均衡而有个性地发展。选修课教学目标的设计，首先要以这些选修课课程的基本理念为依据。

第二，选修课课程目标、模块目标、单元目标。《新课标》关于语文选修课程，设计了五个系列并且详细地规定了各自的课程目标。这是我们在设计选修课教学目标时的重要依据（在第一节已有比较详细的阐释）。

选修课分五个系列，每个系列中又可设计若干选修模块。如，诗歌系列，可分为中国古代诗歌、现当代诗歌等模块，还可分为外国诗歌、中国诗歌等模块。即使同一系列的不同模块，所学知识的侧重点也不一样，相应的教学目标是不一样的。因此，在设计教学目标时，要考虑该模块的模块目标。

各个选修课模块又分几个单元，单元与单元的主题及所包含的课文篇目不一样，其单元目标也不一样。单元目标，是一个单元总体的规划，是综合单元内的文章篇目而设计出的。因此，在设计单元内的各个篇章的教学目标时，需要依据该单元的目标。

第三，学生情况。选修课教学目标的设计，必须考虑学生的实际情况和基础水平，也就是说，要处处将学生装在心中。

那么，我们面对的学生是怎样的情况呢？

进入选修课阶段，学生完成了九年义务教育课程和高中必修五个模块的学习，已经具有一定的语文基础和素养。当然，学生与学生之间有差别，有的学生的语文基础要厚实一些，而有的学生则薄弱些。但是无论如何，学生具备了一定的语文功底。

学生还会表现出某方面的特长或对其的强烈兴趣。有的学生朗诵水平较高并有表演的欲望，有的学生对古典诗词特别感兴趣并有进一步深入研究的强烈愿望，等等。

各个学生的基础水平、实际情况和特长兴趣，我们可以靠平时观察、问卷调查、交流等方式摸清。这也是设计选修课教学目标的前提。

如果班中大部分学生原有的文言文基础比较薄弱，那么教学目标的设计要侧重基础知识的学习和基本能力的培养，拓展深入目标层次要浅，不要搞得很深。如果有部分学生很喜欢某一文体并有较深入的理解，那就应该发挥他们的特长，培养他们的兴趣，在教学目标中要设计一些适合他们的活动。类似的情况还有很多，设计选修课教学目标时，要充分考虑。

第四，教材分析。某种程度上，选修课是把必修课的某一个专题内容进行深入拓展，变成一门完整的课程。也就是说，选修课的教材具有一定的专业化、学术化特色，这给教师确立教学目标带来一定难度。怎么办？一定要对教材进行准确的分析。

首先，要研读教材。既然选修教材有专业化和学术化特色，那么就对教师的语文素养提出了更高的要求，教师要有能力和水平驾驭不同专题的选修课。教师要利用网络查阅相关材料，阅读专业文章、论著，读通读透选修教材。

其次，要分析教材。不同的选修教材，其培养目标和方向不一样。选修教材的难度，应该与必修的难度相当，而又适当地有所提高。一个专题的选修教材，内容繁多，可以恰当地取舍、编排、开发和延伸。高中的选修教材不同于大学的选修教材，不侧重学科理论知识的系统性开发。

（2）教学目标的内容要求

选修课教学目标的内容跟必修课一样，也要围绕"知识与能力""过程与方法""情感态度和价值观"三个维度来设计，但又具有选修课的个性特征。

首先，突出过程、方法。选修课强调学生"有选择"和"个性发展"，要实现这个目标，就要突出"过程与方法"的设计。"过程与方法"是让学生自主进行选择，采用适合自己个性的方法，发表自己的独特见解。

其次，复习学过的知识。基础性是选修课追求的目标之一，但不是唯一的目标。选修课的基础知识应同必修课的知识同步进行温习。

再次，情感态度和价值观。选修课要侧重课程特点和五个系列目标。

2.教学重点、难点的选择

教学重点就是教学内容的重中之重，是中心；教学难点是学生的困难点、困惑点。选修课教学重点、难点的确定是由教学目标、学情和教学内容来决定的。

（1）教学重点的确定

确立了选修课的教学目标，然后再从教学目标中确立教学重点即可。所谓教学重点，就是一堂课或一个教学专题中的核心内容。

选修课的教学重点一般出现在什么地方呢？

较之必修课，选修课重在拓展和深入。如必修课涉及知识的某一个"点"，而选修课就会由这一点而拓展到多个"面"；原来可能从一个角度或层面分析必修课，而选修课会综合深入到多个角度和层面，表现为深度的探究。

那么，选修课拓展和深入的方面，可能就是选修课教学的重点。

（2）教学难点的确定

所谓难点，就是学生难以理解的、自己难以解决的问题。教学难点的确定，不是老师选定的，主要根据学生的水平、能力和困惑等来确定。

选修课较必修课内容更加丰富，难度更加大，学生的思考可能更加深入，随之困惑会更多。建议教师用问卷调查的形式来确定教学难点。

3.学习方法

选修课的学习方法除了跟必修课有相同的之外，还有自己必须强调突出的方法。

（1）自主学习法

选修课教学容量大，光靠教师的讲解显然无法完成选修课的教学任务。教师应为学生创设良好的自主学习环境，引导学生自主学习。

老师要将自主学习方法教给学生，使学生在课前或课堂能借助工具书、网络、各种资料等自己解决问题；引导学生自主确立学习的目标和探究问题的角度，让学生体悟、阐述自己的看法；课堂上充分尊重学生的话语权，"要使学生做到想说、敢说、会说、善说，教师就要为学生多方位地开通对话交流的渠道，创设平等、宽松、和谐的氛围。"[①]

（2）合作交流法

选修课教材内容丰富，必须集中大家的力量、聚集大家的知识，才能处理好教材。而合作学习有利于在互动中提高学习效率，交流讨论则分享了他人的智慧和成果，有利于集体进步。

合作，采用小组形式。分小组，可根据前后位就近原则，也可根据兴趣自愿结合。

交流，可小组内交流，也可课堂上自由发言。注意，教师要及时点拨，并激发学生的积极性。

（3）活动法

选修课五个系列目标中有明确的指示，要求学生开展一定的活动。主要体现在以学生为主体所进行的教学活动中，如诗歌朗诵会、演讲会、辩论赛、戏剧表演、读书报告会等。教师在选修课不同的模块下，根据不同系列

---

① 李冲锋.语文教学范式研究［M］.北京：华龄出版社，2006：241.

的特点，可以让学生自主组织、编排、表演。

4. 教学工具

教学工具，是指辅助教学的手段或工具，指图片、模型等传统教学工具，以及投影、幻灯片、电影、录像、多媒体电脑等现代化教学工具。

使用教学工具的依据有教学目标、教学内容、教学对象等。要特别注意教学工具的使用是以更好完成教学目标为目的的，不能使用过多的音频、视频等以削弱学生对教材的解读和体味，教学工具只是一个辅助性工具。

5. 教学过程

选修课的教学过程，跟必修课的主要步骤大致相同，有导入语、教学问题设计、教学主体活动设计、结束语和作业等，但是选修课毕竟不同于必修课，具有自己的一些特色。下面就具体谈谈选修课教学过程的独特之处。

（1）教学问题设计

第一，学生自主选择。选修课应该致力于让学生有选择地学习，既然这样，那么教学问题的设计也应该体现出选择性。设计的问题不是教师根据自己的水平和喜好而确立的，而是由学生自主选择的。学生在选修课程时，通过自主学习，总会找到自己感兴趣的东西或自己的困惑之处。教师将学生的兴趣点和困惑整理整合，形成教学问题。问题的设计，是以学生自主选择为核心的。

第二，紧扣选修课课程目标。问题的设计，要紧扣选修课课程目标，不同系列的课程其目标不一样，设计问题时要体现出不同选修课的课程目标。

第三，立足"拓展与提高"。选修课程重在拓展和提高，实现学生的差异发展；问题设计也要体现出难度和深度，着眼于学生语文素养的拓展与提高。譬如同一首诗歌，放在必修课中，设计问题应多考虑"基础性"；而在选修中，设计问题应多考虑"拓展与深入"。

第四，问题要简，是主问题。设计的问题不要繁多，要简洁，具有纲举目张的作用；还要是"主问题"，是能够带动学生对整篇文章进行阅读的问题，起到"牵一发而动全身"的效果。

这样设计问题，让学生有自主思索解决、合作交流的空间。

（2）教学主体活动设计

选修课教学主体活动，是指在教学过程中为了更好地实现教学目标，就某一内容细节或重难点展开详细教学的过程。有时"教学主体活动"就是以"主问题"的形式而设计的。

第一，活动设计的原则。一是具有自主、合作性的原则。选修课强调自主和合作，要求学生在学习过程中要会自主学习，同时还能合作学习。自主，体现了个体独立的思考和学习，但要善于从别人那儿学到知识，这就需要合作，在自主与合作中提高学习效率。因此，活动的设计要体现出自主和合作相结合的原则。二是具有基础性和个体性相结合的原则。选修课是在必修课的基础之上开展的，首先要面对全体学生，同时又要体现差异性和个性。因此，教学具体活动的设计既要让所有学生都参与，又要体现出差异性，设计得要有层次感。

第二，主体活动设计的内容要求。一是具有选修课模块特征。选修课，"有的侧重于实际应用，有的着眼于鉴赏陶冶，有的旨在引导探索研究"[①]，选修课的目的指向性比较明确，活动设计也要体现出它们各自的目的。二是具有自主、合作相结合的特征。选修课上，合作学习是必不可少的，像分小组讨论交流等。但也不能没有自主学习，有了自主学习，有了自己的思考，才能有合作交流。因此，在设计主体活动内容时，要设计自主、合作相结合的内容。三是具有基础、个性相结合的特征。主体活动的内容，不能只体现个性、只针对差异性，还应考虑基础的部分。

（3）作业设计

选修课作业设计要符合选修课的评价，"必修课的评价立足于共同基础，而选修课的评价在注重基础的同时，更多地着眼于差异性和多样性，尤其要突破一味追求刻板划一的传统评价模式，努力探索新的评价方式促进目标的完成。"这一规定，让教师们明白选修作业的设计既要重视基础方面的知识，又要重视鉴赏、评价、探究等方面的训练，体现出作业内容的多角度、多层次性。于是就有必做题和选做题之分。

必做题，是面向全体学生的，注重知识和能力的基础性。而选做题，是着眼于学生的基础差异、特长差异，具有个体性特点，注重知识和能力的拓展深入性。而必做题和选做题的结合又体现了"多样性"。

---

① 中华人民共和国教育部. 普通高中语文课程标准：实验 [S]. 北京：人民教育出版社，2003：4.

（三）高中语文选修课教学设计主要类型

新课标强调了"选修课和必修课教学存在一定的差别"，既然这样，教师在设计选修教学的时候，可以更灵活、更放开些。在保证学生达到基础目标的前提下，教师可以通过选修课，使学生的特长和个性得以发展。因此，教师在设计选修课教学时，可以是多种课型。

新课标关于选修课程的设计与教学如是规定："高中语文选修课程是在必修课程基础上的拓展与提高，有的侧重于实际应用，有的着眼于鉴赏陶冶，有的旨在引导探索研究。"根据这个规定，选修课教学设计基本有三种类型——文本拓展型，专题研究型，表演活动型。

1. 文本拓展型

文本拓展型课例，是指在研读选修文本的基础上，侧重引导学生就文本的某一点进一步拓展或深入，以达到提高学生解读文本、鉴赏作品的能力。

这种课例，首先要充分研读选修文本，教师引导学生运用一定的方法精读、研习文本，这是拓展的基础和前提。其次，拓展侧重对内容或形式上的某一点深入理解、领悟或赏析，以提高学生的鉴赏水平，陶冶其情操，提升审美境界。

这种课例，注重想象和联想的发挥，注重情感和审美的体验，比较适合于一些典范性的选修文本。在"诗歌与散文""小说与戏剧"等选修系列中可以较多地运用。

文本拓展型课例的设计应注意以下几点。

（1）确立教学目标

教学目标的确立要紧扣文本拓展型课例的特点。

一要根据选修课五系列的具体课程目标。是"诗歌与散文"系列的内容，教学目标就应该符合这系列的课程目标；是"新闻与传记"系列的内容，教学目标就应该符合此系列的课程目标等等。课程目标为教学目标指明了大致方向。

二要紧扣文本，从文本的内容和形式出发，注重文本的基础性知识；拓展方面的目标，往往是文本内容或形式某一"点"的深入，必须列入。这突出了文本拓展型课例的特征。

（2）研读文本

这种课型之所以要强调研读，因为这是"拓展"的基础和前提。

怎样"研读"？

首先，要直面作品，以我们赤裸的心灵和情感要求来面对文学。如果一个读者在没有直接阅读作品之前先读了大量的有关评论，就很容易迷失自我，找不到自己的感觉。[①]这一番话告诉我们，在读文本时，要精心地推敲文本的内容，形成自己的独特理解。

其次，要寻找"缝隙"。文本不是笼统地讲故事，我们细读的时候要注意读出它的破绽，读出作家遗漏的或者错误的地方。[②]作家遗漏的或者错误的地方就是所谓的"缝隙"，往往是文本的深刻之处。

再次，要进行比较。比较阅读是研读文本很好的方法。可以对同一作者的不同作品进行比较，也可以对不同作者的同一文体进行比较，还可以从手法、语言等方面进行比较。

（3）运用方法

研读文本时，教师要引导学生运用一定的方法去做。像文本拓展型课堂设计，一定要运用各种朗读方法，如精读、范读、默读、略读、速读等。还可以去比较、去点评、去还原等，因为适当运用比较法、还原法和点评法，有利于提高学生鉴赏作品的能力。

（4）搜集材料

要想深入理解文本，须丰富学生手头的材料。材料，包括以前学过的，要温故；还包括与作家作品相关的材料。可以利用网络、图书馆、工具书等进行搜集。要发挥学生的主动性，让学生自己动手去搜集资料。搜集的材料越丰富，对文本的理解和思考就会越深入。

（5）如何选择拓展问题

怎样甄别并筛选出拓展的内容？教师要指导学生找到突破口，从而快速地选择出拓展问题。主要方法如下。

一是角度要小。一篇文本，可以拓展的有价值的问题有很多，其文本本身可以用来探究的内容可谓"仁者见仁，智者见智"。学生提出的问题大而复杂时，教师要引导学生将大问题化为小问题，或者从大问题中选取一个角度。譬如，学生总括文本的内容来提问题，那么可以提示学生，将内容再细化，从描写人物方法的角度，还可以从描写人物方法之一的角度出发等。角

① 陈思和. 中国现当代名篇十五讲 [M]. 北京：北京大学出版社，2003：11.
② 陈思和. 中国现当代名篇十五讲 [M]. 北京：北京大学出版社，2003：15.

度小了，学生才能有方向，才能深入下去。

二是借鉴他人的观点。选择什么问题，可以根据他人的兴趣、争论或评论。当大家都在评论、争论时，很有可能就是最有价值的问题。可以综合他人的观点提出自己的看法，可以深入阐释某一观点，可以质疑某一看法，也可以反驳或批判某一观点。

三是采用比较的方法。可以两两比较或多个比较，比较之中见不同或相同。比较法，是深入思考文本、提出拓展问题的常用且管用的方法。可以从不同选修文本之间选择一个问题进行比较，可以从同一文本选择一个问题进行比较，可以从内容方面选择一个角度进行比较，可以从形式方面选择一个角度进行比较。比较时，引导学生选择自己认为最有价值的拓展问题。

四是运用联系、发展、辩证的观点。在确立拓展问题时，教师可以引导学生运用联系、发展、辩证的思维方法来思考。通过联系历史、现在和未来进行思考，用发展变化的眼光来看待问题，用辩证统一的方法来看待文本探究根源。

（6）交流总结

学生以小组形式组织研习，最后全班交流，教师适当点拨鼓励引导，学生总结。

案例：

将进酒
李白

【教学目标】

①结合课下注释和工具书，读准字音；反复朗读，读通文义。

②品读语言，读出了一个怎样的李白。

③比较阅读《南陵别儿童入京》《行路难》《将进酒》，深入体味诗人的感情变化。

【教学方法】

根据教学目标，依据选修课的特点，采取自主、合作、探究方式，从诵读、鉴赏等方面点拨学生理解作品以及作者感情。

【教学过程】

▲浅读

①结合课下注释和工具书，读准字音，读通文义。

②梳理诗歌的内容和脉络。

▲品读

思考：读《将进酒》，你读到了一位怎样的李白？请找出具体诗句进行分析。

提示一："天生我材必有用"。诗人用乐观的口吻肯定人生，肯定自我。"有用"且"必"，何等自信！简直像是人的价值宣言，而这个人——"我"——须是大写的。于此，从貌似消极的现象中露出了深藏其内的一种怀才不遇而又渴望入世的积极的本质内容来。

提示二："古来圣贤皆寂寞"，属于激愤之语。诗人曾喟叹"自言管葛竟谁许"，所以说古人寂寞，也表现出作者自己的寂寞。因此诗人才长醉不醒了。这里，诗人已是用古人酒杯，浇自己之块垒了。此诗约作于天宝十一年（752年），距诗人被唐玄宗"赐金放还"已达八年之久。他当时与友人岑勋到元丹丘家里做客，三人登高宴饮。人生快事莫若置酒会友，又正值作者怀才不遇之际，于是将满腔的不合时宜，借酒兴诗情来了一次淋漓尽致的抒发。

提示三："陈王昔时宴平乐"。古来酒徒历历，何以偏举"陈王"？这与李白一向自命不凡的性格特点分不开，他心目中树为榜样的是谢安之类的风流人物，而这类人物中，"陈王"与酒联系最多。这样写便有了气派，与前文诗人极度自信的口吻一致。再者，"陈王"曹植于丕、叡两朝备受猜忌，有志难展，亦激起诗人的同情与满纸不平之情。此诗开始似只涉人生感慨而不染政治色彩，其实全篇饱含一种深广的忧愤和对自我的信念。诗情所以悲而不伤、悲而能壮，即根源于此。

▲深读

思考：比较《南陵别儿童入京》《行路难》《将进酒》中诗人李白的感情变化。

南陵别儿童入京

白酒新熟山中归，黄鸡啄黍秋正肥。呼童烹鸡酌白酒，儿女嬉笑牵人衣。

高歌取醉欲自慰，起舞落日争光辉。游说万乘苦不早，著鞭跨马涉远道。

会稽愚妇轻买臣，余亦辞家西入秦。仰天大笑出门去，我辈岂是蓬蒿人。

行路难

金樽清酒斗十千，玉盘珍馐直万钱。停杯投箸不能食，拔剑四顾心茫然。

欲渡黄河冰塞川，将登太行雪满山。闲来垂钓碧溪上，忽复乘舟梦日边。

行路难，行路难！多歧路，今安在？长风破浪会有时，直挂云帆济沧海。

提示：李白素有远大的抱负，他立志要"申管晏之谈，谋帝王之术，奋其智能，愿为辅弼，使寰区大定，海县清一"（《代寿山答孟少府移文书》）。但在很长时间里都没有得到实现的机会。天宝元年（742年），李白已经四十二岁，得到唐玄宗召他入京的诏书，异常兴奋。他满以为实现自己政治理想的时机到了，立刻回到南陵家中与儿女告别，并写下这首激情洋溢的七言古诗——《南陵别儿童入京》。

《行路难》写在天宝三年（744年），李白被"赐金放还"。离开长安的时候，诗人徘徊、抑郁、失望，因此发出"行路难，行路难！多歧路，今安在"的感慨，但是诗人到最后还是唱出了高昂乐观的调子，相信自己的理想抱负总有实现的一天，"长风破浪会有时，直挂云帆济沧海"。

【作业】

▲必做题

①背诵全诗。

②参照下列示例，分析"君不见，高堂明镜悲白发，朝如青丝暮成雪"中的"朝""暮"在表达上的妙处，也可以从《将进酒》中选一些自己喜欢的字词，谈谈感受。示例：大漠孤烟直，长河落日圆。（王维《使至塞

上》）"直"字挺拔雄伟中透着荒凉孤独，"圆"字柔和温暖中显现苍茫壮阔。"直"和"圆"不仅准确地描绘出广阔的大漠景象，而且表现了作者孤寂苍凉的情感，画面开阔，意境高远。

▲选做题

①阅读《康震讲李白》等书籍。

②以"李白"为主题，确定一个研究性学习题目，完成这个课题研究。参考题目有：《酒中窥李白》《李白的狂放与寂寞》《"不足贵""不愿醒"的背后》《"百""千""万"中窥李白》《与李白共谋一醉》。

2.专题研究型

选修课具有开放性和选择性，这就为教师和学生留有了开发和选择的余地，可以大胆地重新处理教学内容，不必拘泥于选修模块的安排。或增加相关内容，或删减相关内容；或详尽地学习某一部分内容，或简略地浏览；或调整前后次序。这样能够满足不同语文基础、不同学习兴趣、不同专长学生的要求，以促进他们在知识和能力方面全方位多元化发展。

专题研究型课例，就是实现对教材内容开发和选择的创新性教学课型。一般是建立在学生一定学习基础之上的。选择主题、手法、作家等某一角度，将一些作品进行归类、整合，另行组成一个专题进行教学。

这种专题研究型课堂教学设计，有利于引导学生深入理解某一问题，开阔学生的视野，拓宽学生的知识面。

（1）专题研究内容的确定

专题研究型课例与文本拓展型课例一个最大的区别是内容方面的区别。文本拓展型课例的教学内容，就是某一模块中的某篇章，教师要根据教学目标、教学需要、学生需要，以及对此篇他人的或历史的评价来确定重点，然后研读拓展。而专题研究型课例的教学内容没有现成的，是需要教师、学生去寻觅、选择并归类、整合的。

那么，怎么确定专题研究型课例的教学内容呢？关键要确定专题内容的切入点。

一是树立课程目标意识。不同系列，具体的课程目标不一样，要细读课程目标的内容，选择一个合适的角度切入专题。如"小说与戏剧"系列中有"初步把握中外小说、戏剧各自的艺术特性"这样一条规定，那么在学习小说模块时，就可以将专题内容确立为"某个时期的小说手法的鉴赏"。

二是树立主题意识。做专题研究，关键要有个"主题"。主题是核心，有了核心，再选择与核心有关的内容。可以从很多方面选择主题，如从内容、表现手法、语言等方面选择。主题不要太宽泛、太笼统、太大，相反，应该具体。角度越小，越容易把握、容易深入。

三是树立线索意识。线索，起到串起所有内容或确立主题的作用，线索有可能是主题。主题的确立，有时由某一作家引起，有时由学生的困惑或兴趣点引起，有时由现实的现象引起……这需要教师平时多注意观察或思考。

四是整合教材意识。专题研究型课例，要打破从头到尾、按照教材编排顺序的次序和模式，必须重新归类整合教材。对相同类别作品的整合，对相同体式作品的整合，对具有相同表现方法作品的整合，对同一专题作品的整合，等等。

（2）教学目标的确立

专题研究的切入点不仅是教学目标之一，而且是核心目标。当然，还有其他教学目标。总之，目标的确立不是教师臆断的，而是有一定依据的。

一是以课程目标、模块目标为依据。选修课系列"小说与戏剧""语言文字应用""文化论著研读"明确规定了专题课程目标，分别是"尝试对感兴趣的古今中外小说、戏剧进行比较阅读或专题研究""思考语言文字应用与发展中的问题，展开专题研究""能通过多种途径，开展文化专题研讨"。即便其他的选修系列没有明确规定其专题课程目标，但是也可以组织这样的课型。因为这种课型有利于深入和拓展。

专题研究型课例不必拘泥于单元设计，根据专题的需要，可将多个单元的篇章组合在一起，可将以前学过或课外的篇章加进来；或者不以单元主题为准，可以另立主题；或者不以单元目标中的内容作为专题的内容；等等。总之，专题研究型课例教学目标的确立，可以不以单元目标为依据。

二是以学生情况为依据。专题研究型课例的教学，要求教师对学情有充分的了解。首先要了解学生的阅读基础，摸清学生阅读基础达到了哪个层次，然后根据这个基础再确定专题。要把握好专题的深度，不要搞得太深，以免脱离学生的实际水平。

如果有部分学生很喜欢某一文体并有较深入的理解，教师应调动这部分学生的兴趣，发挥他们的特长。并以此为专题，让学生引领全班学生去探究。对学生的情况摸得越清楚，越有利于专题研究，包括对某个知识点，学生真正掌握到了什么程度。建议老师通过调查问卷或检测的形式了解学情。

三是根据专题内容。教学目标的设计，要以专题内容为准。这就为教师提出一个任务——研读专题内容。专题，内容多而深，须读通读透才能抓准学生应掌握的知识点，确定应培养学生哪种能力。在此基础上，找出课文的主旨，体会作者的情感，以培养学生正确的价值观、人生观和世界观。教师只有将专题内容研究透彻，才能设计出合理的教学目标。

（3）教学课时的确定

专题研究涉及的材料比较多，研究的主题比较深入，学生学习的时间相应会长一些。那到底应该用几课时？

对于一个模块的学习，教师计划用几课时，那么本专题就可以在这个范围内进行规划。

专题内容的难易也是一个因素。难，用时长；反之，则短。

（4）搜集材料

研究专题要深入，需占有材料。占有的材料越多，研究得就会越深入。

教师可利用网络、图书馆等平台，搜集整理相关的材料。也可发动学生，利用网络等搜集各种材料，占有尽可能多的资料。

（5）自主学习

专题研究深入与否，关键在于学生自主学习的程度。要保证学生有充分的时间自学，能充分利用手头的材料和工具书等；教师要引导学生边看边读，边勾画圈点评论；允许小组内和小组间交流讨论；可以增加书写的内容，达到以写促读的效果。

（6）教学主体活动设计

此种课型的教学主体活动，是以学生的活动为主体。

教学目标往往是活动的主问题，每节课活动的内容可能是主问题的子问题。这个活动的内容一般在自主学习中就提出并得到充分预习。

以学生的表演活动为主。学生可以利用多媒体演示，也可以通过演讲形式展现，充分发挥学生的主体地位。

对学生的活动内容再深入交流讨论，以小组为单位，教师加以恰当的引导并做出客观的评价。

案例:

李清照诗歌专题教学案

【教学设想】

对某个作家的作品做专题教学,能使学生比较全面深入地理解作家、作品,也有利于学生全面而深刻地掌握作家、作品。在选修课的教学中,弹性大,教师不必拘泥于选修教材的编排体系,可以根据学生的实际情况、根据教学效果,大胆取舍,合理剪裁,灵活地设计适合本校学生特点的有效课堂教学。基于此,笔者便设计了"李清照诗歌专题教学案"。

【教学目标】

①了解李清照生活的社会背景和个人生平,把握作品的思想内容。

②解读作品,体味李清照的人生感悟。

【教学课时】

3~4课时。

【教学过程】

①教师整理出李清照的材料,发给学生,让学生全面了解李清照的身世经历和生活背景。（第1课时阅读这些材料和七首词）

②解读下面任意三首诗歌,体味诗歌所蕴含的人生感悟。

如梦令·常记溪亭日暮

常记溪亭日暮,沉醉不知归路。兴尽晚回舟,误入藕花深处。争渡,争渡,惊起一滩鸥鹭。

点绛唇·蹴罢秋千

蹴罢秋千,起来慵整纤纤手。露浓花瘦,薄汗轻衣透。

见客入来,袜刬金钗溜,和羞走。倚门回首,却把青梅嗅。

醉花阴·薄雾浓云愁永昼

薄雾浓云愁永昼,瑞脑消金兽。佳节又重阳,玉枕纱橱,半夜凉初透。

东篱把酒黄昏后，有暗香盈袖。莫道不销魂，帘卷西风，人比黄花瘦。

一剪梅·红藕香残玉簟秋

红藕香残玉簟秋。轻解罗裳，独上兰舟。云中谁寄锦书来？雁字回时，月满西楼。

花自飘零水自流。一种相思，两处闲愁。此情无计可消除，才下眉头，却上心头。

渔家傲·天接云涛连晓雾

天接云涛连晓雾，星河欲转千帆舞。仿佛梦魂归帝所，闻天语，殷勤问我归何处。

我报路长嗟日暮，学诗谩有惊人句。九万里风鹏正举，风休住，蓬舟吹取三山去。

声声慢·寻寻觅觅

寻寻觅觅，冷冷清清，凄凄惨惨戚戚。乍暖还寒时候，最难将息。三杯两盏淡酒，怎敌他、晚来风急？雁过也，正伤心，却是旧时相识。

满地黄花堆积。憔悴损，如今有谁堪摘？守着窗儿，独自怎生得黑？梧桐更兼细雨，到黄昏、点点滴滴。这次第，怎一个愁字了得！

永遇乐·落日熔金

落日熔金，暮云合璧，人在何处？染柳烟浓，吹梅笛怨，春意知几许？元宵佳节，融和天气，次第岂无风雨？来相召、香车宝马，谢他酒朋诗侣。

中州盛日，闺门多暇，记得偏重三五。铺翠冠儿，捻金雪柳，簇带争济楚。如今憔悴，风鬟霜鬓，怕见夜间出去。不如向、帘儿底下，听人笑语。

提示一：《声声慢》一开头，词人便用七组叠字描绘了一个心神不宁、郁郁寡欢的愁妇形象。"寻寻觅觅，冷冷清清，凄凄惨惨戚戚"，这七组叠

设计，那就体现不出选修与必修的不同。新课标中对选修课评价作了如是规定："选修课的评价尤其要突破一味追求刻板划一的传统评价模式，努力探索新的评价方式来促进目标的达成。"这就为选修课的评价提供了广阔的空间。选修课应该根据选修教学的评价内容灵活地选择形式，规划学生的形成性评价方案，创造性地开展各类活动。

"表演活动"是一种很灵活、很有实效的评价方式，能充分挖掘学生的潜力，发挥学生的特长，调动学生的积极性，培养学生学习语文的兴趣。如在选修《唐诗宋词选读》时，可以组织经典朗诵会、诗歌文学社、编写课本剧并表演等。在选修《语言的应用》时，可以对当地方言的发音规律进行调查并撰写报告，可以探究网络语言，可以整理归纳生活中的错别字等。在选修《唐宋八大家散文选读》时，可以组织学生开展辩论会、读书报告会、学生讲堂等。在选修《中外戏剧选读》时，可以组织学生进行戏剧表演等。

（1）表演活动内容的确定

一是课程目标意识。表演活动内容的确定，首先需要有课程目标意识。选修课五系列教学实施建议中，分别指明要进行各种不同形式的活动形式。如"诗歌与散文"中指出"提倡举办诗歌散文朗诵会"活动，"小说与戏剧"中指出"尝试戏剧表演"等。

二是学生主体意识。表演活动完全由学生完成，学生要作为主体贯穿活动的组织、开展到结束。因此，活动内容的确定，要以学生的愿望为主，而不是以教师的想法为主。学生喜欢的，就是表演活动的内容，这样可以发挥学生的主观能动性，使活动得以顺利开展。

三是选修模块意识。表演活动的内容不是"天外来客"，而应建立在选修模块内容的基础之上。也就是说，应跟所学的选修模块的内容息息相关。从另一个角度来说，表演活动是对选修模块的一种学习方式。如果表演活动内容的确定，不跟选修内容相关，活动起来难度太大，就难免会失败。因此，建立在选修内容基础之上的表演活动会更容易些、顺利些。

（2）表演活动目标的确立

表演活动也需要目标吗？只要是学校或教师组织的教学活动都需要设计目标，否则会组织不利，最后达不到理想效果。先确立目标，然后就有了活动的方向、活动的计划、活动的评价等。因此，表演活动需要设计目标。

表演活动的目标应该从哪些方面去想？首先，要依据选修课的课程目标，这类表演活动课，要达到的总目标应该着眼于层级较高的"应用拓展""发现创新"两方面，在活动中要鼓励学生应用创新，要提高他们的语文综合应用能力和探究创新能力；还要依据选修课五系列中的具体课程目标。其次，要充分了解学生情况，学生的原有阅读基础达到什么层次，他们有怎样的特长和兴趣等。学情是表演活动目标确立的基础。

（3）组织表演活动的要求

制定组织方式、活动安排、时间安排、过程的实施等，要严密制定，以达到预期效果。

活动计划要尽量放手让学生去做，教师可以引导，但不是活动制定的主要者。但学生有些考虑不细致、不周全的地方，教师必须给予帮助。活动所需的材料或工具，教师可以帮忙查阅、印发或借用。

活动原则上是所有学生都参与，只不过分工不同而已，这样是符合选修课设置目标的，既要面向全体学生，使全体学生获得必需的语文素养，同时顾及自我发展方向和学习需求等方面的差异，促进学生特长和个性的发展。自然，有部分学生在活动中起到举足轻重的作用，正好发挥了他们的特长和个性。

（4）表演活动筹备过程的安排

一定要分组，找出负责人，大家各司其职，调动他们的积极性。

在表演活动组织期间，教师要组织各个负责人进行讨论，讨论出最佳方案。教师重在思维方法、组织过程、教具材料的准备上给予引导或帮助，重在引导。

既然是表演活动，那就不能停留在规划、讨论阶段上，要想让活动成功举行，最好在表演之前有个彩排，对整个活动的流程、细节的把握及节目的缺点等提出问题，加以整改。

（5）表演活动成果记录

表演活动一定要组织好记录，这是一种感情的积累。

可以组织学生用书面的形式将表演活动的内容记录下来。也可以用相机、录像机等工具记录下来。

（6）表演活动评价

这类表演活动，用传统的分数或试卷是不可评价的，选修课的评价尤其要突破一味追求刻板划一的传统评价模式。

那么如何评价？

虽然表演活动没有一种量的具体的评价标准，但是学生参与了，锻炼了他们的实践能力，从学生的参与态度、责任心、合作精神和交往能力等方面，就可以进行鼓励和表扬。

布置书写作业，谈谈在此次活动中的感想或收获。教师批阅之后，再进行反馈。主要评价学生的认知水平。

将学生活动的过程用相机或录像机记录下来，利用反馈总结机制，对学生进行全面而客观的评价。

案例：

《茅屋为秋风所破歌》课本剧创作及表演

【教学背景】

在学习必修四（山东人民出版社）模块《雷雨》和必修五模块《罗密欧与朱丽叶》的基础上，将《茅屋为秋风所破歌》设计成课本剧。事实证明，学生参与热情高涨，展现出了横溢的才华、无尽的潜力，取得了良好的教学效果。

【教学方过程】

▲激发兴趣

引入竞争模式。将全班分为四大组，每组一个组长，负责分配、协调。四个组都表演《茅屋为秋风所破歌》课本剧，自然形成对比，很容易有高下之别。大家都不想落后，斗志自然被激发出来。

▲教师提供材料（纲目）

①课本剧是什么。

②编写课本剧注意什么。

③提供《石壕吏》课本剧范本。

▲学生创作并表演

也可以引导学生再回到必修课中的《雷雨》《罗密欧与朱丽叶》，体味剧本到底该怎样写。

▲成果展示

示例：

　　旁白：八月的一天，秋风怒号，伟大的诗人杜甫所居的草房不堪狂风，屋上茅草被风吹走，漫天飘散。

　　（三个孩童上场，抢茅草，被正要出门的杜甫撞见。）

　　杜甫：（愤怒）站住！站住！别偷我的茅草，别偷我的茅草！——

　　（群童停住，做鬼脸。）

　　童一：我们哪里偷啦，这是我们光明正大捡的。

　　童二：就是就是，我们捡的，捡的就是我们的了！这茅草上又没有你的名字，怎么说是你的？老头儿，别诬陷好人！

　　（说完，三人大摇大摆转身准备逃跑。）

　　杜甫：别走，回来！把茅草还我！——

　　（三童转身，表情轻蔑。）

　　童三：不给，不给！就不给你！有本事来拿呀，哈哈，老头儿！

　　童二：就是就是，想要这草就来抓我们啊，臭老头儿，来呀来呀。

　　（三童下。杜甫无奈，摇头，叹息，回到屋前看着破陋的家。）

　　杜甫：（深情感伤，朗读，背景音乐）八月秋高风怒号，卷我屋上三重茅。茅飞渡江洒江郊，高者挂罥长林梢，下者飘转沉塘坳。

　　南村群童欺我老无力，忍能对面为盗贼。公然抱茅入竹去，唇

117

焦口燥呼不得，归来倚杖自叹息。

俄顷风定云墨色，秋天漠漠向昏黑。布衾多年冷似铁，娇儿恶卧踏里裂。床头屋漏无干处，雨脚如麻未断绝。自经丧乱少睡眠，长夜沾湿何由彻。长夜沾湿何由彻。

旁白：安史之乱以来，战乱频仍，国家残破不堪，百姓家破人亡。杜甫想到这些，便陷入深深的苦痛之中。

朗诵者：朗诵《春望》《石壕吏》（有国破家亡的悲伤，背景音乐）

（诵完后，三童上）

杜甫：（神情凝重坚定，背景音乐）安得广厦千万间，大庇天下寒士俱欢颜！风雨不动安如山。呜呼！何时眼前突兀见此屋，吾庐独破受冻死亦足！

全体合：呜呼！何时眼前突兀见此屋，吾庐独破受冻死亦足！

第四章 写作探究

城乡接合地区高中个性化作文教学策略探究

—— 以青岛市城阳第一高级中学为例

一、城乡接合地区高中个性化作文教学相关概念

随着语文课程改革的不断深入，作文教学也开拓出一片崭新的天地，各种新的作文教学理念、模式、方法如雨后春笋般涌现出来。个性化作文教学作为一种影响较大的作文教学深受广大师生的重视，"尊重学生个性""追求有个性有创意的写作"等理念为作文教学带来了生机与活力。

（一）城乡接合地区高中个性化作文教学研究缘起

众所周知，在中国古代，考试纯粹是考文章写作的，科举考试，不仅仅是八股取士，也还有辞赋取士、诗赋取士的情况。古代考生只要能写一手好文章，就能被认可、被重用。这足以看出，作文在中国古代的重要地位。

社会发展到现在，特别是新课程改革以来，作文更是被放在突出的位置。《普通高中语文课程标准（实验）》中关于"表达与交流"设置了9个目标，就连一节课写多少字也做出明确规定（45分钟能写600字左右的文章）。可见，作文教学在整个教学中是不可忽略的。

作文教学相较基础知识教学，是难点，这主要表现在三方面。一是许多学生不感兴趣。二是作文教学不像基础知识那样有固定的教材和易摸索的方法，对于作文教学可谓仁者见仁、智者见智。三是作文教学短时间内成效不大，需要学生的长期阅读和写作积累，当然也需要教师长期不懈的指导。

其实，学生随意写一篇作文还是很容易的，但是学生要表达得有个性、有创意，却是很不容易。现行的考试制度和评价机制下，学生的作文出现了模仿多、创新少，假话、空话连篇等现象。《普通高中语文课程标准（实验）》"表达与交流"中的第4个目标就是"力求有个性、有创意的表达，

根据个人特长和兴趣自主写作"①。为什么要提出如此目标呢？"高中语文课程应进一步提高学生的语文素养……为终身学习和有个性的发展奠定基础。"②既然高中语文课程有如此使命，那么个性化作文教学就是促使高中语文课程完成如此使命的最重要一环。因此，这"表达与交流"第4个目标的提出就不足为奇了。

怎样让学生表达得有个性、有创意？笔者在平日的教学中，有一些不成系统的想法和摸索，同时也有很多困惑。为了使这些想法和做法能更好地指导作文教学，于是笔者认为有必要在前人研究的基础上再做深入的探讨。在查阅关于个性化作文教学大量文献的时候，发现那些研究只是一般性、概括性的论述，可是学生与学生不一样、不同地域的学生与不同地域的学生也不一样，当然对应实施的作文教学的个性化策略也应该有所不同。笔者以青岛市城阳区这一城乡接合地区为例来探讨个性化作文教学策略。

（二）城乡接合地区高中个性化作文教学相关概念

高中个性化作文教学相关研究在各地如火如荼地开展，有乡镇的，有城市的，而城乡接合地区又该怎样展开呢？在本课题研究之前有必要交代清楚"城乡接合地区""个性化作文""个性化作文教学"等概念。

1. 城乡接合地区

城乡接合地区是指兼具城市和乡村的土地利用性质的城市与乡村地区的过渡地带。早期，城市与乡村的景观差异明显，随着城镇化进程加快，城市不断向外围扩展，使得毗邻乡村地区的土地利用从农业转变为工业、商业、居住区以及其他职能，并修建了相应的城市服务设施，从而形成包括郊区的城乡交错带。城乡接合地区人地系统具有明显的城乡过渡性特点。一是城乡接合地区是城市与乡村两种社区相互接触、混合及交融的地区，其人口与社会结构特征的过渡性也十分明显。在这里不仅有城市居民与农村居民的相互混杂，而且还存在着本地常住人口与外地流动人口的异质反差，各种不同职业类型、不同生活方式、不同信仰、不同价值观念、不同需求以及不同心理文化素质的人群相互形成强烈的对比与共存。二是由于同时受到城市与农村

---

① 中华人民共和国教育部. 普通高中语文课程标准（实验）[S]. 北京：人民教育出版社，2003：9.
② 中华人民共和国教育部. 普通高中语文课程标准（实验）[S]. 北京：人民教育出版社，2003：1.

经济的双向辐射，城乡接合地区经济发展具有明显的多样化特点。[①]

笔者所在的青岛市城阳区具有明显的城乡过渡性特点。城阳区是个新区，1994年创建，紧挨着青岛市，素有"青岛市北大门"之称。从创建至今，大量的人口涌入该地区，使得生活在这里的居民趋于多元化。居民大部分为本地人，以农民为主，此外就是来自全国各地的农民工，以及为本地建设而引进的大学生和高层次人才，还有在这里办实业的外籍公民，其中以韩国人居多。据统计，城阳区共有74万人，其中外来务工和暂住人口有25万。居民的多元化必然导致在校学生构成的复杂性。借读生是户口和学籍都不在城阳区的学生，其中很多来自青岛市四区——市南、市北、台东和李沧，他们没考上市级重点高中，于是就到离家较近、教学条件和水平较好的城阳来借读。这部分学生不论是家庭条件还是语文写作水平，都是比较高的。有城阳区学籍的区外学生，他们来自全国各地，其父母大部分是经商的。城阳区本地的学生占大多数，大部分来自农村，是农村户口。

2. 个性化作文

个性是在一定的社会历史条件下，通过社会实践活动形成和发展起来的，是个体在社会实践中作为主体而表现出来的思想和行为的总体特征。世界上没有完全相同的两个人，每个人都有其特点，这由其周围环境和社会实践所决定。新时代的社会发展对人的素质要求提出了以"自由个性"为内核的全人格内涵，这就使得当前的教育乃至作文教学也必须作出相应的调整。

那么，什么是个性化作文呢？叶培祥在《个性化作文教学初探》中的定义是："个性指的是一个人的独立性、独特性和不可替代性，其最重要的品质是特殊、新颖。所以个性化作文具有新颖的审视角度、独特的价值判断、独特的审美倾向、真诚的情感体验、灵活的表达形式。"[②]程翔在《作文个性化和作文教学个性化》中概括了作文个性化的定义："简单地说，就是学生能自主地写作，写真实的文章，写出的文章有所创新。自主、真实、创新是作文个性化的基本内涵。"[③]综合叶培祥和程翔的观点，个性化作文的基本内涵可以归纳为：真实、独特和创新。由此可以将个性化作文定义为：以学生个性为基础，用自己的思维和方式表达出独特新颖的思想的文章。

---

① 城乡接合部，http:/baike.baidu.com/view/30203.htm.2009-12-26.
② 叶培祥.个性化作文教学初探［J］.深圳大学学报（人文社会科学版），2002（1）.
③ 程翔.作文个性化与作文教学个性化［J］.中学语文教学，2003（1）.

那么个性化作文有哪些特征呢？

（1）表达真实有趣

个性化作文首先是真实的，是自己思想和情感的流露，爱就是爱，恨就是恨。如果强迫自己将恨写成爱，那肯定是不真实的；不真实的感情，就不是自己独有的。程翔在《作文个性化与作文教学个性化》里谈到，有一年高考作文阅卷，有一位考生写的是自己感情上的一段经历——恋爱，这让自己非常难忘。考生敢于说出自己真实的情感，这有什么不好！其次是有趣，写真实的事不是写作的唯一内容，同时应提倡写有趣的事。写真事的基础之上允许学生虚构、联想和想象。中国文学史上经典的篇目，很多也是虚构的，譬如苏轼的《赤壁赋》，特别是"主客问答"，不都是有虚构的成分吗？虚构不一定虚假，关键是写出趣味，这样才能写出有个性的东西。

（2）创新性的思想和思维

有个性化的思想和思维才能有个性化作文。而个性化的思想和思维关键在于创新。程翔说过："所谓创新就是大胆质疑，敢于突破旧的条条框框，独立思考，有自己独到的见解。"[①]一旦点燃创新的火花就会引爆个性化的思想，联想和想象则是导火线。鲁迅的《灯下漫笔》就是从生活中一件极其普通的事，联想到中国人的奴性。这种联想是具有创新性的，是个性化写作。

（3）独特的构思和语言

作文构思要不拘一格、灵活多变。譬如，莫泊桑的《项链》和欧·亨利的《警察与赞美诗》，其结尾在情理之中但又在意料之外，主要在于他们匠心独运的构思。

个性化的语言主要指学生在作文训练过程中逐渐形成的具有个人特点的言语方式和叙事方式。譬如杜甫的诗歌风格是沉郁顿挫，而李白的风格则是飘逸俊朗，这和他们各自的语言炼字炼句和叙述方式分不开。因而，在作文教学中应该提倡用自己独特的表达方式和话语方式表达自己的情思，恢复作文中的"自我"，恢复各具特色的表达和言语。

3. 个性化作文教学

个性化作文教学的思想与实践可以追溯到古希腊的苏格拉底和中国的孔子。苏格拉底创立的"苏格拉底式对话"并不是把学生所应知道的原理直接

---

① 程翔. 作文个性化与作文教学个性化 [J]. 中学语文教学，2003（1）.

教给学生，而是从学生所熟知的具体事物开始，通过师生间的对话、提问和讨论等方式来揭示事物中的矛盾，激励学生在教师帮助下寻找正确答案，使其得出正确的原理。这在教育史上具有重要的意义，它提出了一种获取知识的方法和思路。我国古代教育家孔子提出了"有教无类"和"因材施教"的个性化教学思想。孔子在教育实践中很注意因材施教，并将相应的理念贯彻到他一生的教育事业中。孔子实施因材施教的前提是重视和承认学生间的差别。孔子一方面通过有目的地找学生谈话来了解学生的志趣，另一方面通过个别观察来了解学生，如"听其言而观其行""视其所以，观其所由，察其所安"等。从《论语》中我们可以看出，孔子对其学生的性情、才能与志趣等各方面都有一定了解。虽然没有关于他们作文方面的记载，但是个性化作文教学的渊源应该追溯到苏格拉底和孔子。

《国际教育百科全书》把个性化教学定义为：一种以个体而非群体为基础的教学形式，与诸如演讲或小组教学等以群体为基础的教学方法相比，在学习步子和学习时间方面，几乎一切个性化教学都允许学生有更大的灵活性，教学适应学生个人需要的程度随所采用的特殊方法而变化。①

与个性化教学相联系，个性化作文教学就是在充分尊重学生主体性地位的基础上，引导学生写出个性化作文，以提高学生真实地、自主地、创造性地表达自己的情思的能力，从而促进学生个性全面、自由、和谐发展的作文教学理念和实践活动的开展。简单地说，个性化作文教学，就是教会学生大胆地写出自己真实的感受，基于这种真实，还要引导学生不囿于成规，有所创新。"自主、真实、创新就是作文个性化教学的基本内涵。"②

（1）自主

即自己做主，不受别人支配。在个性化作文教学中，自主不是让学生信马由缰、毫无约束，而是教师在新课程标准规定范围内，可以不限形式、不限内容，发挥自己的能力，自由地指导学生写作。

"可以不限形式、不限内容"，这是教师在个性化作文教学中自主性最重要的体现。不限形式，教师根据学生的特点和兴趣，引导他们选用最喜欢的表达方式和体裁来表情达意。表达方式有五种，分别是叙述、抒情、议论、描写和说明。如果要写某物，学生可夹叙夹议，如《石灰吟》；也可

① 李维. 国际教育百科全书 [M]. 贵州：贵州教育出版社，1990.
② 程翔. 作文个性化与作文教学个性化 [J]. 中学语文教学，2003（1）

以结合抒情描写，如《咏柳》；还可以采用说明这种表达方式，如《荔枝蜜》。只要学生能准确恰当地表达出自己的感受，至于选择哪种表达方式，教师应给予其充分的自主，而且教师也应该引导学生自主地选择恰当的表达方式。至于体裁，跟表达方式是一样的，形式总是为内容服务的。譬如，学生写"友情"这个话题，可以根据自己的特长加以选择，有学生用书信体，这是很有创意的；有学生用了古体诗，虽然不太合格律，但是这种大胆的尝试和个性化的表现，教师应该大加鼓励。

"不限内容"，就是反对那种要求学生只准歌颂、不准批评的作文教学。其实作文有时就是一种宣泄情感的方式。生活中的感受是复杂的，不可能只是愉快而没有痛苦。所以在写作中抒发痛苦的感情、事情经历甚至揭露社会中一些黑暗这是正常的。教师在个性化作文教学中，要引导学生宣泄自己的情感，抨击假恶丑，追求真善美，使学生形成良好的道德素质。反过来说，如果教师在实施个性化作文教学时，不论在内容还是在形式上限制过多，那只会束缚了学生的思想，压抑了学生的写作个性。

（2）真实

与虚假相对，即符合客观事实的。个性化作文教学要求真实，就是引导学生写出自己真实的想法，不是胡编乱造，也不是逢场作戏。譬如，有学生写亲情，本来父母活得好好的，硬要胡编父母双亡，以此来博取读者的同情和怜悯，以期取得高分。其实有关亲情，学生身边不缺事例，缺的是对生活的观察和思考。所以，学生的作文来源于生活的真实，每个学生生活的真实是不一样的，如果每个学生都写出了自己真实的生活，那么无疑就写出了个性。

作文来源于真实的生活，但又高于生活。可以有适当的夸张、虚构，这和胡编乱造不是一回事。譬如，有学生写亲情，写了儿时的一件事。自己半夜高烧不退，当时父亲不在家，母亲背着自己跑去医院。这件事很显然是来自生活，但是作者又虚构了一个背景，那是一个大雪纷飞的寒冷冬夜。像这种恰当的虚构还是应该设置的，只要不违背客观事实，都应该是真实的。

（3）创新

即抛弃旧的，创造新的。教师在个性化作文教学中，鼓励学生打破一些条条框框的束缚，敢于抛弃所谓的权威或真理的拘禁，独立思考，提出自己新颖独特的见解。如古人提出"近墨者黑"的观点，它说明了环境对人的重要作用。的确，很多情况下，它是正确的。但是，它真的在任何情况下都正确吗？是否可以证明"近墨者未必黑"呢？这个时候，教师应该引导学生用逆向思维或发散思维去思考这个问题，进行大胆的创新。彭坤明说："创新能够具有鲜明的个性化特点，从某种意义上讲，创新就是一种'标新立异'的过程，是一种求异思维。没有求异，就不可能有对事物的独到见解，就不可能有独到的发现，也就不可能有真正意义上的标新。标新正是求异的结果。因此，无论标新，还有立异，都体现为鲜明的个性。这种个性特征是创新的内在要素，没有个性也就没有创新；同时，这种个性化的程度也决定着创新的有效程度。不承认个性甚至抹杀个性，创新也就失去了内在的基础。"[①]学生的创新意识一旦被激活，就会写出有创意、有个性的作文。因此，在个性化作文教学中，教师要引导学生思考问题，不是直线式的，而是发散式的，让学生用求异思维、发散思维和创新思维去写作，阐释自己独特而有个性的见解。

总之，教师在个性化作文教学中，应围绕"自主""真实""创新"三个方面展开，引导学生写出有个性、有创意的作品。近几年的高考作文，一般要求自主立意、自选文体和自拟题目，这也是有意识引导学生作文中要充分展现自己的个性。

二、城乡接合地区高中个性化作文现状分析

个性化作文教学虽然备受重视，但是在现行的教育体制、考试制度和评价机制的影响下，还有很多困惑和阻碍。学生作文普遍缺少个性化、有创意的作品，这在城乡接合地区尤其突出。本章主要介绍缺少个性化的表现，然后探究其原因，以期引导个性化作文教学策略的正确实施。

（一）城乡接合地区高中学生作文缺少个性化的表现

《普通高中语文课程标准（实验）》提出"力求有个性、有创意地表达"，为什么要"力求"呢？显然，学生作文中普遍缺少"有个性有创意"的表达。学生作文缺少个性化主要表现在以下两个方面。

1. 以模仿为主，缺少创新

每个习作者，初期都是不自觉地从模仿开始，尤其是模仿名家名作。譬

---

① 彭坤明. 创新与教育 [M]. 南京：南京师范大学出版社，2000：117—119.

如鲁迅的《狂人日记》，有人认为是模仿果戈理的《狂人日记》，因为它们都是借主人公狂放不羁、荒诞杂乱的言语来倾吐不平与愤恨，并且表现手法上都采用了日记体形式。这种模仿不是一种单纯意义上的照搬照抄，鲁迅虽然模仿果戈理，但是鲁迅对旧世界弊害的发掘和否定都比果戈理深刻得多、彻底得多。

可是，现在的部分学生为了应付考试，把模仿变成了一种纯粹的套构，雷同之作较多。如：常用到的人物有屈原、司马迁、陶渊明、李白、苏轼和李清照等；人物活动的特定季节多数是秋天，场景一般在江边、高楼或后院；人物情绪基本是遭遇不幸、贬谪、迁徙、离散后的失意和孤独……当然人物可以互换，如岳飞可以换成辛弃疾……这样的模式总是一个路数。首先，不从身边写起，总是着眼于历史上的大事件大人物，着眼点大、空，再加上对大事、大人物也是一知半解，所写的文章给读者的感觉就是假大空，缺乏一种自我的感悟和思想。部分学生看到有考生这样写能得高分，于是也这样去做。其次，所模仿的人和事都是一类的、一个模样。文中的人物抒发的情绪基本上是遭遇不幸，如贬谪、离别等，这样的情绪学生抒发的时候只能靠想象去"假装"。既然自己都在"无泪而哭"，又怎能感染读者呢？一味地模仿，文章缺乏真情实感，就更谈不上有什么创新！

2. 模式化倾向严重

内容上，首先表现为题材雷同，主题思想相似，思维方式趋同化。作文不是学生自主的、真实的表达，而是为了应付考试而编造的假话、空话，与学生的实际生活相脱离，缺少自己独特的真实情感体验，也就谈不上有个性和创造性了。如，1998年高考作文题是《战胜脆弱》，不少考生在作文中写到自己的父亲或母亲去世或父母双亡。考生这样写也许是为了使所编的故事更有震撼力和说服力，但不合常理的编造，只能使故事失去应有的精彩，这种虚构也违背了一个人所应该具备的人伦精神。

形式上，首先是表现为结构布局的安排上机械呆板。先提出论点，再用三个小论点，对应三个事例，最后联系实际总结。这种文章表面看似冠冕堂皇，义正词严，很热闹，但仔细一琢磨，没有深刻内容，大话套话满篇。其次，语言"八股"。由于中学生的写作用语长期受到语法规则的约束，作文自然成为主体缺席下的作文。学生群体语言呈现出惊人的趋同性，词语选择、句式结构、语气语调均大同小异。记叙文的语言苍白、平面、雷同，议论文的空话、套话、漂亮话比比皆是。例如，阐释"学会爱自己"这一观点，套话不外乎是"安慰自己，鼓励自己""调整心态，快乐生活"等，这些套话总给人人云亦云的感觉。又如，很多学生喜欢用排比，在议论文中适当地用排比能增强议论的力度和表达的语气，这本无可厚非，但是学生开头用一组排比引出论点，而结尾又用排比总结，就给人一种"花"的感觉。因此，天南海北、城市乡村的相当数量的学生作文，从谋篇布局到语词的选用，甚至开头结尾，都如出一辙，很难见到有个性的文章。千万个不同的大脑，却有着大体一样的写作思路、言语方式！

（二）城乡接合地区高中学生作文缺少个性化的原因

经笔者调查发现，城乡接合地区高中学生作文缺少个性和创意，既与整个教育环境有关，也与其自身地域特点有关。

1. 教师缺乏因地施教、因材施教的意识

城乡接合地区有其地域特点，特别表现在人口多元化上，这也直接导致在校学生的复杂性。譬如，一个教学班50多个学生，有的来自农村，家庭条件一般，这些父母对孩子的教育不重视，导致孩子也不重视学习，学生作文基础相对比较薄弱。有的学生家长重视孩子的教育，孩子也好学，家里藏书也多，学生的见识较广，作文基础就比较厚实。还有一些学生是介于这二者之间的。在这种情形下，教师必须因地、因材施教。对作文基础薄弱的学生，暂时要求不要太高，抓住其作文的闪光点及时鼓励，让其摈弃自卑心理，渐渐地夯实其作文基础。而对于作文基础比较好的学生，要提高其作文的要求，使作文的水平更上一层楼。作文特别优异的，则要一对一施教，量身定做一套独特的方法。多德纳曾经指出，学生与生俱来就各不相同，我们不能忽视学生之间的智力差异，也不能假设每个学生都拥有（或应该拥有）相同的智力潜能。

据笔者调查，在青岛市城阳区，目前许多教师在作文教学中并没有根据地域特点、学生的差距来施教，而是全班学生"一鞭子赶"。这样会抹杀作文好的学生的积极性，又让作文差的学生更没有了兴趣，久而久之，学生作文成了一个模样。所以，教师如果不因地因材施教，学生的作文是不会有个性、有创意的。

2.教师对学生作文评价的单一性

笔者曾经做过一个调查："写作文，你最看重的是哪个环节？"大部分学生表示看重教师的评价。这表明教师对作文的评价影响着学生写作文的情绪和兴趣。

在城乡接合地区，学生的家庭背景、生活经历、兴趣爱好和作文基础存在着巨大的差异，导致学生作文水平、写作态度和作文格调也存在一定差距。基于这些，教师的作文评价应该是多元化的。即使一个学生写作文的水平较低，但是这次作文较上次作文有所进步，教师也应该恰当地进行鼓励表扬。学生都是喜欢老师表扬的，这样的评价会激发学生的写作兴趣，挖掘其写作潜力，渐渐地能写出有个性、有创意的文章。有的学生在文章中牢骚满腹甚至不满社会上的一些黑暗丑恶现象，言辞激烈。这种情况下，如果老师一概将其否定，那么学生就不敢再说真心话了。所以，在个性化作文教学中，要想引导学生写出有个性、有创意的作品，教师在评价上要避免单一化。

3.传统教学方式的影响

我国古代，教学方式是老师传授、学生接受。这种传统的填鸭式教学现在仍存在。不可否认，传统的教学方式有好的一面，但是，在现代社会，要培养有个性、有创新能力的人才，这种教学方式显然是滞后的。

王策三认为："它不以探索和发现未知为主要目的，主要目的是继承人类长期社会历史经验、将知识转化为学生头脑里的精神财富。这是一种简约的经过提炼了的认知过程，主要通过教师言语讲授和学习阅读教科书来进行；而实践、观察、探究、发现等活动也是重要的，但是是少量的，带有模拟性质，并且经过了加工改造、简化和典型化。"[①]

笔者调查青岛市城阳区城乡接合部学校，发现很少有实践、观察和探究等活动，作文教学中更是没有这类活动。大部分情况下，学生只是一味地听从教师传授，被动地接受一些关于作文写作技巧的知识。譬如写一篇以"柳"为主题的文章，学生坐在课堂上，只能凭借脑中的一些记忆或想象，然后再听老师讲授一些写作技巧，这样写出来的"柳"是不鲜活的、不真实的，当然也是没有创意的。如果教师给学生时间去观察和思考：校园里有几种柳树，有何不同；柳树在不同季节有何变化；相较其他树种，柳有何优缺

---

① 李冲锋.语文教学范式研究［M］.北京：北京师范大学出版社，2002（4）.

点；校园里的柳树跟家乡的有何区别；柳有何象征意义；等等。学生去细心观察了，去深入探究了，那么学生笔下汩汩流出的就是有个性创意的文字。

三、城乡接合地区高中个性化作文教学策略

学生作文过程可以分为三个阶段，前期主要是写作准备阶段，中期是写作阶段，后期是评改阶段。在各个阶段，教师都应做好个性化作文指导，实施相应的策略，使学生的作品拥有个性和创意。

（一）个性化作文准备阶段的策略

按照学生作文写作程序，第一个阶段是准备阶段，这个阶段主要是动笔之前的酝酿时期，它直接关系到作文的质量。教师在这个阶段需从以下四个方面多下功夫。

1.研究学生的特点

学生个性化作文写作水平的高低和能力的大小，不全靠教师的主观判断和培养，这是因为学生处于一种不断变化的状态之中，存有很大的可塑性。这就需要教师在个性化作文教学之初，要研究学生的特点，尤其在城乡接合地区，学生差异较大，这就更需要教师在施教之前先得"因材"。

首先，要了解学生的经历、性格和兴趣等。比如说经历，城乡接合地区的学生，有一直生活在农村的，有一直生活在城市的，也有由农村到城市，再由城市到农村的，这些不同经历，恰好是学生作文个性化表现的生成点。教师要了解他们的生活经历，让学生在写作中能充分展现自我。再比如说兴趣，有的学生比较喜欢篮球，在这些学生的笔下，就会出现很多关于篮球的看法和想法，还会出现关于NBA的话题，教师都要加以正确地引导，以保护好他们的兴趣和创作的欲望。

其次，要研究学生的心理特点。高中生，他们的所思所想，教师不能从主观来揣测。教师可以追忆自己的高中时代，回想当时自己的心理特点，再思学生所思、想学生所想，然后指导学生所写。否则，学生很难吐露个人的心声。譬如说"早恋"这个话题，如果从家长和教师的角度出发，无论对学生再如何苦口婆心地劝说，也是无济于事。只有从学生的角度和其心理特点出发，从积极和消极两方面摆事实讲道理，对他们动之以情、晓之以理，最后学生才能吐露个体的自我想法。

2. 培养兴趣

很多学生视写作文为洪水猛兽，只要能应付过去老师的作业或考试就行，更不用说个性化写作！可是有一种奇怪的现象不得不引起我们的深思：学生之间发短信或QQ聊天，从来没有犯愁的情况；或者同学之间谈论某位明星、某位球星也是无所不知。就这些方面来说，老师知道的并不比他们多。那么怎么一到写作文就犯难了呢？最根本的是兴趣问题，兴趣是一个学生写好作文的关键。笔者发现，学生对作文不感兴趣，最主要的是感到无话可说。所以，要想培养学生的写作兴趣，首先必须在"有话可说"上下足功夫。

第一，高中生的价值观、人生观和世界观可塑性很强。所以要抓住学生的年龄和心理特点，选择一些感兴趣的话题，比如理想等来演讲或写作。

第二，利用网络、报纸杂志等，提供一些社会热点，甚至包括学生感兴趣的文艺、体育、科学等方面的信息，引导学生多思、深思。

第三，充分挖掘城乡接合地区的特色，将学生独特的经历或家乡的风土人情写作成文并交流。

要培养学生的写作兴趣，教师需采用多种作文教学方式和手段。

第一，作文评价要恰当。教师的表扬鼓励在学生的个性化写作过程中至关重要。个性化写作，就是要张扬个性，表达出独特的观点，如果老师不以鼓励的态度对待，那么就会打击学生说真话的积极性。程翔举过一个例子。有一年高考作文阅卷，阅卷老师发现一位考生写的是自己感情上的一段经历。这位考生文笔相当好，引得周围老师争相传看。这样的作文给多少分呢？有两种观点：一种认为有文才，给高分；一种认为内容不健康，给低分。最后，送到阅卷领导小组那里，结果给了个中间分。程翔感叹道："看来，说真话，写真话是很不容易的一件事。"[①]在某种意义上说，作文就是情感的自然流露。高中生十七八岁，正是情感容易波动、容易多愁善感的时候，一片落叶、一个眼神、一句话语，都有可能让他们动情。老师要想让学生写出个性化作文，必须要宽容那些从心底发出的呐喊。谁说写父母就得写其好处，天底下的父母难道就没有自私霸道的一面吗？

第二，采用多种教学方式。为什么要特别提出这个问题呢？因为我们现在的教学都还是大班化，如青岛市城阳区的高中，一般每个班都五六十人，

---

① 程翔. 作文个性化与作文教学个性化 [J]. 中学语文教学，2003（1）.

大班一般不利于教师个性化作文教学的开展。所谓的个别化作文教学就是采用一对一方式进行的对话教学。李冲锋说："对话式教学追求外在的知识和能力，但最终的目的是通过对话维护学生自身的价值和利益。"[①]通过个别化一对一的作文教学，能维护学生尊严，能有针对性地解决学生的问题，使学生得到自我认同、自我反省、自我提升。在这个过程中，对话者之间是平等、民主、自由的。李冲锋说："对话对教师素质提出了更高的要求，要求教师既能平等地接受与理解学生的见解，又能高屋建瓴地指导学生推进学习过程。"[②]一对一对话式个性作文指导，这需要教师付出艰辛的努力、耗费大量的精力，对教师来说是很高的要求。正如严华银所说："比其他学科多得多的能力和素质要求，将会伴随你整个的教学生命，于是，艰辛的劳作自然就选择了你。"[③]其次是分层写作教学。传统的班级授课制采取统一的大纲、统一的教材、统一的进度、统一的要求来对待所有的学生，"一刀切"，力图让学生"齐步走"。实践证明这是不切实际的。因为社会对人才的需求是多方面、多层次的，学生的个人兴趣爱好、能力结构和个性发展也有很大的差异。应该使不同层次的学生有课程选择的自由，当然作文写作也应该有选择的自由。

第三，利用多媒体辅助教学。随着科技的发展，现在的个性化作文教学可以运用网络、幻灯片、录音和录像等电子媒体形式，它较传统的教学手段有其独特的功能。教学过程加入电影、电视等片段，有较强的表现力与感染力，更容易激发学生的写作兴趣。教师放映幻灯片的同时，能以面对面的方式与学生学习和讨论作文，使学生在行为上积极参与。

案例：邓虹，北京师范大学附中语文教研组组长。2002年12月24日，她以"老邓"的名义，向学生们发出了"行动起来"的指令（第一次公告），邓虹网上作文指导正式启动。至2003年6月9日，"老邓"在网上发布"最后的公告"，网上作文落幕。邓虹在她自己所带的高三两个班级创办"个性化网络作文实验基地"，开启了她从真正意义上实现高中作文，尤其是高三毕业年级"升格作文"的创新。[④]试验基地的实验成果最终由商务印

---

① 李冲锋. 语文教学范式研究 [M]. 北京：华龄出版社，2006：187.
② 李冲锋. 语文教学范式研究 [M]. 北京：华龄出版社，2006：196.
③ 严华银. 一生情定语文路 [J]. 中学语文教学，2010(11).
④ 史绍典. 高效创新教学研究 [M]. 武汉：武汉大学出版社，2008：180—192.

书馆出版。

著名特级教师顾德希这样评价邓虹："作文'面批''面改'这种最便于体现个性化指导的交互方式，过去实行起来有诸多不便，但凭借网络，过去的不便不复存在了。不仅师生之间的沟通极其便利，生生之间，教师、学生、家长之间，都可畅通无阻。作文教学的空间的拓展，学生作文与学生生活的方方面面便进一步紧密交融，他们作文的主动性、积极性自然能得到空前充分的满足。"

邓虹利用网络进行个性化作文教学，对我们不无启发。但是因为城乡接合地区的学生家庭条件有限，不可能每家都有电脑，教师自然也不可能像邓虹那样跟每个学生进行网络写作交流。但是在学校，每个教师人手一台电脑，每个教室都安装有多媒体，教师可以利用上课时间进行个性化作文教学。

3. 引领观察

《普通高中语文课程标准（实验）》指出："学会多角度地观察生活，丰富生活经历和情感体验，对自然、社会和人生有自己的感受和思考。即面对多姿多彩的社会生活要勤观察，多体味。"[1]苏霍姆林斯基说过："观察对于儿童必不可少，正如阳光、空气、水分对于植物之必不可少一样。在这里，观察是智慧的最重要的能源。"[2]对于个性化写作，观察同样必不可少。首先教师要引领学生学会观察生活。生活是写作素材的根本来源，任何作品都不可能脱离生活。城乡接合地区的大部分学生生活在学校里，两周一休息，所以跟社会的接触较少，按照学生的说法就是"三点一线"，"三点"就是教室、食堂和宿舍。如此的生活是否就不丰富多彩了呢？是否就是写不出个性化作文的充分理由了呢？不能说非得轰轰烈烈地生活才能写出经典的作品，经历平淡，就写不出非凡的、独特的作品。这里关键是对生活的观察。罗丹说过："不是缺少美，而是缺少发现美的眼睛。"大部分学生的生活很类似，但是还是有个体差异的。人的思想不一样、看法不一样，言行就不一样。学生怎样从看似一样的生活里，观察出不一样的情感和思想，这就是个性化作文的关键。那么教师如何教会学生观察生活呢？先看苏霍姆林

---

① 中华人民共和国教育部. 普通高中语文课程标准：实验 [M]. 北京：人民教育出版社，2003：9.
② [苏联] B. A·苏霍姆林斯基. 给教师的建议 [M]. 杜殿伸，编译. 北京：教育科学出版社，1984：47—48.

斯基的做法：^①

> 二月，正是深冬严寒的季节。可是恰巧遇到一个晴朗的日子。我们来到寂静的、还有积雪的果园里。"孩子们，你们仔细地看看周围的事物。你们能看到春天已经快要来临的最初的标志吗？即使你们中间最不留心的人，也能看出两三种标志。而不仅会看并且会想的人，就能看出几十种标志来。谁会欣赏大自然的音乐，他就能听出春天正在觉醒的第一批旋律。大家看吧，听吧，想吧！"我对学生们说。
>
> 我看到，孩子们仔细观察雪层覆盖的树枝，察看树木的外皮，倾听着各种声音。每一个小小的发现都使他们感到欣喜，每一个人都想找到某种新的东西。以后，我们过了一星期又来到果园里，接着每星期都来一次。而每一次，都有某些新的东西展示在儿童的好奇的目光面前。学生在低年级受过了这种观察力的训练，就学会了区分理解的和不理解的东西，而尤其宝贵的是，他们能够对此抱积极的态度。教师教给学生们观察和发现，就能从他们那里听到许多聪敏的、出乎预料的哲理性的问题。

这种做法给了我们一些启示。平日引领学生对自然现象、生活细节、社会现象做持续不断的观察，在这个过程中教师要不断提出一些问题，激发学生的好奇心，让他们发现问题，并通过理解一些现象进而揭示其本质。城乡接合地区，可以充分利用城市和农村交错的有利条件，要求学生仔细观察回家劳动时的场景以及看到的、遇到的其他事情，观察之后就写观察日记。这样长久坚持，学生就会从"平淡"中提出自己独特有创意的想法，然后就会写出个性化作文。

4.阅读积累

阅读的作用，古人早已阐释得很到位。"熟读唐诗三百首，不会吟诗也会吟""读书破万卷，下笔如有神"等。"读得越多，写得越好"这是不容置疑的。引导学生多读，这是个性化作文首先应该充分准备的。不仅要读

---

①［苏联］B.A·苏霍姆林斯基. 给教师的建议［M］. 杜殿伸，编译. 北京：教育科学出版社，1984：47—48.

文学作品，还要读天文地理、哲学、美学等各个领域的内容；不仅读经典作品，还要读通俗作品；不仅要用眼，还要用心、用手去读，这就需要学生去思考、去摘录、写评论等；不仅仅要默读跳读，还要朗读精读；不仅要充分利用学校的图书室、阅览室，还要利用多媒体等一切手段。

　　阅读，是在读自己之外的古今中外的人们的生活，那么学生无疑也在积累一种生活。叶圣陶先生在《作文论》中说："作文这件事离不开生活，生活充实到什么程度，才会做成什么文字，所以论到根本，除了不间断地向着求充实的路走去，更没有可靠的预备方法。"[①]如果一个学生连自己的生活都不理解，怎么能够写出真知灼见呢？除了自己那点生活经验，我们可以积累的便是别人的生活经历和经验了。比如读余秋雨的历史文化散文便能带领读者走遍祖国的名胜古迹，引导学生对历史进行深入思考。

　　（二）个性化作文写作阶段的策略

　　城乡接合地区具有明显的过渡性特点，这一特点为个性化作文写作提供了很好的素材，教师在个性化作文写作阶段要结合这一特点，进行有效训练。

　　1.让学生写出真实的生活

　　城乡接合地区，学生的生活背景、经历不同，但同时作文的素材是丰富多彩的，教师应该引导学生充分挖掘自己真实的生活，写出有创意的个性化作文。

　　如青岛市城阳区，包括8个乡镇，其中2个乡镇临山，属于崂山脉系；3个乡镇靠海，属胶州湾。于是笔者将主题定位为"家乡的美好风光""家乡的民风民俗"两个方面。

　　（1）主题为"家乡的美好风光"

　　崂山，山清水秀，是我国道教名山；胶州湾，港深水阔，海产丰富。笔者以崂山和胶州湾为依托，让学生利用周末或寒暑假时间，去体味家乡的魅力，感受家乡的变化，并写出自己的真实感受。事实证明，这样做激发了学生的创作热情，唤起了他们热爱家乡的情感，并且写出了自己独特的、真实的想法。

　　（2）主题为"家乡的民风民俗"

　　以前的城阳区隶属崂山区，民间流传着很多风俗。如今的城阳区，靠山

---

① 李冰霖等. 论坛话题"自由习作与有效指导"，http://www.pep.com.cn.2005-09-15.

的吃山，靠海的吃海，经济迅速发展。靠山的乡镇积极开发旅游业，像毛公山、三标山的开发，还有"樱桃节""葡萄节""品茶节"等相继举办；靠海的也不示弱，大打"海产品"的旗帜，也开设"蛤蜊节"等节日，吸引了四方游客。像这样的民风民俗还有很多，都是个性化作文教学很好的素材。笔者积极地引导学生深入自己的家乡调研，写出了自己家乡的真实面貌和祖祖辈辈的真实生活。

2. 随笔、读后感作文训练

（1）随笔写作

人的想法具有转瞬即逝的特点，所以学生应人手一个笔记本，随时记录下来自己的所思所感。随笔的内容不限，有对个人生活中小事的感慨，也有对社会焦点的评论；有对正面人物事件的赞扬，也有对反面人物事件的抨击；有对内心的剖析，也有对外部的关注。体裁也不限，学生可使用古诗古赋表达，也可用散文等表达，当然也可用小说、剧本等形式。这样不限内容和体裁，学生的思想处于一种不受约束的自由状态，往往会发挥出个性色彩。

（2）读后感写作

写读后感是一种很好的个性化作文训练形式。

学生的写作素材源于生活，除了真实的个体生活体验外，还可积累文本中的"生活"。课本中的经典名篇，本身就是名家的生活，为什么不把它们当成一种"生活体验"来积累呢？所以笔者的做法，是让学生在读完经典名篇后写读后感。通过写读后感，形成个性化解读并积累写作素材。

第一，笔者整理关于读后感的材料，让学生知道读后感的写法。第二，整理几篇名家名篇，让学生阅读感知。第三，就学过的文本写读后感，就文本中的某句话或某个观点发表自己的看法。字数最低300字，多多益善。第四，打印有闪光点的段落，然后学生讨论，教师总结鼓励。第五，让学生在下次的读后感写作中，改正自己的缺点，写出真正的感受，形成个性化作文。

3. 进行批判性思维的训练

作文训练与多种思维发展同步进行，学生在接受作文训练的同时也在进行着思维训练。语文教育培养的不是人云亦云的学舌鹦鹉，而是有自己思想、充满创意的人。个性化作文教学更是强调批判性思维的训练。

什么是批判性思维？"批判性思维是一种摆脱简单的线性思考方式的思维，要求思考者秉着公正心态来评判身边的人和事，对世界作出合乎公正的评价。"①批判性思维，不是简单地全盘否定、一味地反对，而是对某件事作出明智的思考和判断，以至作出尽可能正确的评价。

一个具有批判性思维的人，不会迷信权威，会尽可能使用最充分、最完整的论据，阐明事理，避免分歧和矛盾，在自己知道的东西和所怀疑的东西之间作出区分和选择。而一个不会进行批判性思维的人，不会反思，只能以简单的同意或不同意来接受或反对某个观点，他们往往没有公正评价的愿望。

个性化作文教学如何培养学生的批判性思维能力？一方面，在课文学习的过程中进行训练，学习一篇课文时，向学生提一些非常有挑战性的问题，让其思考并写作。如学《劝学》时，笔者提出"你认为学习真的如荀子所说的不可以停止吗？""读了本文后，你真的认识到'学不可以已'了吗？"等问题。要求学生在思考、讨论和写作时，必须用充分而确凿的证据来证明自己的观点，使人信服。另一方面，话题作文训练的同时进行批判性思维训练。如"近墨者黑/近墨者未必黑"，选择话题，然后证明其正确性。

4.开展研究性学习

叶圣陶认为，语文教学"无非是教师帮着学生学习的一个过程"。这个过程中，教师只起到一个指导的作用。因此，语文教师要改变传统的权威者、传授者的角色，而转变为一个求知者、参与者、指导者的角色，让学生处于能动的、自觉的主体地位。这在个性化作文教学中也不例外。为此笔者将课本中的自读名篇或选修里的名篇作为指导学生进行研究性学习的篇目，充分利用学校图书馆、阅览室及学生的藏书、资料，引导学生进行研究性学习并形成个性化作文。

（三）个性化作文评改阶段的策略

作文评改作为一种教学手段，应着眼于学生的个性。评改标准是作文教学的导向。给作文评分，说到底是为了教和学，不是为了定等第、比高低。为了让学生保持积极的心态和强烈的表达欲望，充分挖掘学生的个性和潜力，应该进行各种形式的作文评价和批改。

---

① 王爱娣.美国语文教育［M］.广西：广西师范大学出版社：2007.

1.作文评价以鼓励为主

对学生在原有起点上的点滴进步给予鼓励，这里所说的"点滴进步"内涵很广，小至错别字减少了，标点符号用对了，句子比以前更通顺了；大至篇章结构处理得好了，文章立意深刻了。总之，作文讲评要适合不同层次学生的需要。对优生，讲评重在观察、思维方法和写作技巧上的点拨，对他们提出更高的要求，使其明确努力方向，不断进取；对后进生，讲评则从观察、字、词、句等最基础的方面详加指导，鼓励他们树立信心，迎头赶上。坚持"沙里淘金""扬长避短"，善于捕捉他们习作中的闪光点，热忱鼓励，让他们品尝成功的喜悦。对于在立意、构思、表现手法上富有个性的作文以及作文中所表现出来的哪怕是微小的不同点和闪光点，教师都要细心呵护，并及时地给予肯定和鼓励。

2.作文批改要多种形式

朱自清曾说："凡做过国文教师的，一提及改文，头痛的有百分之百！改文确是苦事！"[①]"苦事"再加上大堆杂事需要应付，所以改文难免会有敷衍之时。学生们经常抱怨，教师对学生文章的评估敷衍了事，评语含糊不清，如文章结构清晰、立意深刻、语言肤浅等，这些评语对学生的个性化作文是没有什么作用的。教师反馈的评语应该是具体的，既帮助学生注意自己存在的问题，又能促使学生解决问题。如果教师只注意一些表面的、空泛的问题，如错别字等，学生在写作时，也会只注意这些问题；反之，如果教师给出大量关于文章结构、批判性思维、个性化语言等方面的评语，学生也会在写作时注意这些。教师可以采取个别化、对话式指导方式，也可以让学生互评互改作文。实践证明，这几种方式对于学生个性化作文水平的提升很有帮助。

让学生互评互改，笔者是这样指导的。

一是一对一式。每次批改，每人只批一本，负担不重。批改者竭尽全力，精心推敲；被改者虚心求教，细心修改，这样对被改者和改者都有益。二是一对多式的指导。教师挑选写作水平较高、鉴赏评论能力较强的学生的作文进行批改，以此带动全体学生的互批。这种形式的批改相对准确、到位，教师也放心，但不利于调动大多数学生的积极性。三是多对一式。"多"可分为全体、部分等几种情况。全体是指全班同学同批一篇作文。这

---

① 朱自清.朱自清语文教学经验 [M].北京：科学教育出版社，2007：17.

种批改可谓群策群力，在共同批改的过程中，使学生清楚地认识到哪些是应该肯定的地方，哪些方面还需要改进，并且提出修改意见，然后再去改自己的文章，在批改、修改中进步，这样有助于学生作文水平的整体提高。部分是指对有代表性的作文，感兴趣的同学可对此进行批改，比如课堂上的即兴评议，课后学生把自己的评改意见贴于作文园地中等，这种方式较为自由。四是自由结组。小组批改充分发挥了学生的集体智慧，教师指定小组长或学生推选组长。成立小组后，为每组发放一篇相同的文章，在一定时间内要求学生完成批改任务。批改完成后，教师可提供一个批改的示例，让各小组参照比较，从中发现问题，找出差距。这样可避免独自修改六神无主、信度不高的缺点，而且把评价权基本上都交给了学生。五是各种手段辅助，注重批改效果。为了提高批改效果，教师可采用朗读批改、讲义批改或作文园地式批改等各种形式向全体同学展示。如让学生上讲台朗读自己的作文，或贴在墙上的作文园地中，以供学生互评互改。

（四）对城乡接合地区高中个性化作文教学反思

运用个性化作文教学，在教学实践中收到了一些可喜的效果，比如多人次在征文比赛中获奖，多名学生在《作文导报》等报纸上发表习作。但是，有些问题也引起笔者的思考。

1.个性化作文教学人文性与工具性的矛盾

个性化作文教学要求学生写出有个性、有创意的作品，往往注重学生自我情感和思想的抒写，比较侧重作文的"人文性"，这期间却忽略了"工具性"。《普通高中语文课程标准（实验）》明确规定"工具性与人文性的统一，是语文课程的基本特点"。如果个性化作文教学割裂了工具性和人文性，那这种教学方式是不成熟的。

为了追求作文的个性创意，学生写作时多数是不限内容、不限文体的，这样就带来了一些矛盾。比如学生所写都是真话，但是用高考作文标准——内容健康积极来衡量，这样的作文能得几分？毕竟高考是指挥棒，学生马虎不得，老师更是忽视不得。所以，个性化作文教学不能不考虑工具性特点。

鉴于这些情况，个性化作文教学，得把握好语文课程的特点，处理好工具性和人文性的矛盾。

2.对个性化作文教学的认识

《普通高中语文课程标准（实验稿）》对于写作的认识是："写作是运

用语言文字进行表达和交流的重要方式，是认识世界、认识自我、进行创造性表述的过程。"它要求写作教学"引导学生表达真情实感，不说假话、空话、套话，避免为文造情"，由此可见，作文教学是以学生为中心，让学生认识到写作是个体生命成长过程中的一种必要交流，是写作主体情感宣泄的途径。通过写作我们能与他人交流，与自我对话。个性化作文教学就是这种新的作文教学理念的实践体现，它强调的是发展学生个性。对于个性，人们认为个性是区别于其他个体的相对稳定的特质，它是客观存在的。可见，个性化作文教学就是在尊重个体独特性的前提下，激发学生潜质，培养学生创造性。所以个性化作文教学不是游离于整个作文教学之外的，更不是偏离新课标方向的。

或许，我们一谈及个性化作文教学，或者一谈到个性化，有人就立即皱眉头，产生"引导学生写怪异甚至反动言论"的怀疑，其实这是对个性化的内涵不理解，继而导致对个性化作文教学作用的不理解所致。所谓"个性化"，并不是怪异、荒诞，而是符合主流意识的一种自我认知和表达。个性化作文教学，就是培养学生对真善美的追求和发扬，对假恶丑的抨击和摈弃，它的终极作用，是为国家和社会培养有思想、有价值的人才，这跟整个社会、学校的教育目的是一致的。

3.作文教学自身存在深层次的问题

个性化作文教学只是一种教学模式，是个性化教学理论在作文教学领域的运用，它体现了作文教学的新理念。但作文教学领域自身存在的问题并未彻底解决，如作文教学的内容、方法、训练序列、评价等各个环节还未得以解决。"在我国，科学地进行写作能力目标定位的工作还只处在初始阶段，无论是实验的经验还是资料的积累都很不充分。"[①]这时，单靠一两种作文教学新理念、新模式是无法根本解决作文教学面临的高耗低效的困境的。个性化作文教学是对传统的作文教学模式的超越，在其发展的过程中难免被人误解而产生各种问题，唯有对其清醒地认识与反思，个性化作文教学才能在作文教学领域逐渐成熟、完善。

（五）结 语

根据城乡接合地区特点和高中作文缺少个性化的现象的分析，针对个性

---

① 章熊 . 中学生写作能力的目标定位 [J]. 课程教材教法，2000（5）.

化作文教学的三个阶段——准备阶段、写作阶段、评改阶段，提出相应的实施策略。

个性化作文准备阶段，即学生动笔之前的酝酿时期，作文教学应在研究学生特点、培养兴趣、引领观察和阅读积累四个方面下功夫，这个阶段是个性化作文教学的基础。

个性化作文写作阶段，主要在学生的"说"和"写"上进行有效引导。其中写是主要方面，要坚持多种形式的作文训练，包括随笔写作、读后感写作、话题作文训练等。这个阶段是个性化作文教学的关键时期。

个性化作文评改阶段，也是至关重要的阶段。评价和批改得恰当、有创意，学生就会保持积极态度，挖掘自身潜力，写出张扬个性的创新作文。教师评价以鼓励为主，批改作文要采取多种形式。

高中个性化作文教学是新课程标准指导下的作文教学新理念，是语文教育理论和实践关注的热点问题之一。有大批语文教育改革家活跃在这条战线上，希望笔者这番小小的尝试不至于有太多的疏漏，能为城乡接合地区个性化作文教学起到一点积极的作用。

写作教学，可以从
批判性思维方面突破

没有一个语文教师不想教会学生写作，可是很不容易。写作教学，是语文教学中最难啃的骨头。

写作教学，难在哪里？

其一，写作教学，不像阅读教学有抓手。阅读教学有教育部统编或省级教育厅编订的教材，教材里的文章，几乎是公认的经典作品。教师通过讲读这些经典篇章，教授给学生基本知识，提升其基本能力。叶圣陶曾说过，教材是个例子。而写作教学，至今没有令人满意的教材，有写作方面的选读教材，但不具有普适性。这是第一个难点。

其二，写作有规律方法可循，写作教学也有规律方法可教，但不是教给学生规律方法，学生就会写了。老师们都有这样的感受：一学期指导学生进行写作，初见成效，放了一个暑假，学生返回学校，写作水平又回到了指导之前的状态，跟没练过一样。规律方法的训练，不是不需要，而不是写作教学的根本所在。一个暑假，短短四五十天，学生怎么能这么快就回到以前的写作状态呢？问题在于思维，思维像水流一样断了。学生的思维如能顺畅开阔、一泻千里，写文章岂不像一条滔滔不绝的黄河！许多学生的思维断断续续，不顺畅，或者如一湾死水。高中写作的教学难点，就在于打开学生的思维。

其三，对同一事件，每个学生有自己的看法，这是因为每个人的思维不同。思维不同，学生写作风格迥异。说到底，写作是个人行为，具有个性化。铁凝的散文跟刘亮程的相比，风格、格调、思维等方面大不一样，其原因是多方面的，但每个人的家庭背景、成长环境、自身经历等是关键原因。余华成为作家之前是一名牙医，毕淑敏则在西藏阿里高原部队当兵11年，他们的作品都带有个人经历的色彩。学生也是一样，写的都是个性化的文章。

个性化，意味着思维是自我的。教师讲评学生习作，往往很难从每个学生的思维去纠正。这样的写作教学，效果不佳，事倍功半。

其四，既然写作带有个性化的特点，那么写作考试机制和评价机制该如何让每一位学生得到公平合理的肯定？其实这个问题，笔者不说大家也清楚。一个作文题目多少万考生来写，是不能顾及到每个考生的个性特点的。写作评价机制很大程度上决定了教师写作教学的难度系数。

以上笔者罗列了写作教学的难处，给人"难于上青天"的感觉，慨叹、反思之余，我愿意更多地去尝试。

高中以写议论文为主，针对议论文的文体特征，笔者曾经进行了"序列分层"教学，将议论文分为结构、说理、语言、思想四大模块，对每一模块又进行细化。譬如"结构"方面，议论文整篇一般分为"总—分—总"式和"提出问题—分析问题—解决问题"层进式。"总—分—总"式又分为"并列式"和"对照式"。每一次议论文写作，训练的序列不一，针对性较强，有条理有步骤。如此这般，逐步推进训练，学生也受益。对初学议论文写作的学生来说，在没分清议论文写作的基本思路的情况下，这种序列训练还是有点用处的。教师从议论文结构入手，先让学生有个框架，然后再去填充内容。这就好比盖房子，先建构框架，再修饰内在；先整体，再局部。但是"序列分层"写作教学割裂了文章的整体性，没有一位作家的写作是割裂地构思和写作。

对于写作，我们还有这样的感知：即使话题一致，但人不同，写出来的内容千差万别。同样做过医生，余华和毕淑敏，写作的内容不容混淆；同是陕西作家的贾平凹和陈忠实，作品风格迥异。关于写作个性化的问题，过去语文界对个性化写作讨论得较多，笔者也有过一些思考。但这几年谈论不热烈了，可能原因是：你谈论也好不谈论也好，写作本身就是个性化的，这是规律。就像世界上没有两片完全相同的树叶一样，不因为讨论不讨论而有所改变。规律就是规律，不需要讨论，也不需要训练。但是，我觉得个性化，在记叙文写作里很重要，无论是抒发感情、对社会问题的看法还是遣词造句，都有强烈的个性色彩。学生参加征文比赛，特别要凸显自己的个性化色彩，这样比较容易吸引读者。如果比赛的文章寡淡如水，只能"泯然众矣"。在平日的随笔写作中，我要求学生多写能凸显个性化的记叙类文章。

从2012年笔者指导的学生在全国中学生作文大赛获得国家级一等奖开始，学生陆续获得了各类征文比赛国家级奖项，这很好地证明了一个问题：自己在训练学生个性化写作方面是得法的。但是个性化在议论文中表现得较弱，这是由议论文"以理服人"的写作目的决定的。另外，个性化概念难界定，内涵和外延宽泛，一时半会思考探究不透彻，于是现在的个性化写作也就淡了下来。

无论是对"序列分层"写作教学还是对"个性化"写作的尝试探究，都是有益的，但是总觉得有不足之处。不断地否定、肯定，又否定、又肯定……叶圣陶、王栋生、余党绪、叶黎明等大家的作品里，记载着他们对写作艰难而辛劳的探索和一直保持不变的好奇心。

写作教学究竟还可以从哪些地方突破？

最近几年，关于写作教学，语文界淡化了写作方法技巧的指导，加强了对写作思维方面的探索。笔者意识到，方法技巧的指导只能治标，而要从根本上提升学生的写作水平，非要在思维训练上下功夫不可。但是，关于思维方面的知识，笔者从来没系统学习过，只是稍有所了解，零零散散，要拿来指导学生写作，不知该从何入手。

2018年暑假，《语文学习》编辑部组织"批判性思维高级研修班"学习，其间笔者听了董毓、余党绪、郑桂华、刘哲和徐默凡等老师的课，深受启发。

董毓老师用了整整三天时间，结合其著作《批判性思维原理和方法——走向新的认知和实践》《明辨力从哪里来——批判性思维者的六个习性》，系统地讲解了批判性思维的概念、原则、方法和途径，引导学员进行真正的独立思考，讲授如何具体地分析、如何充分地论证、怎样逻辑严密地推理、如何组织和表达批判性思维的论证等。课上，董毓老师创造轻松的气氛鼓励学员提问题；课后，布置作业，引导学员反思论证。三天里，大家质疑、讨论，沉浸在"批判性思维"的风暴之中，对理论知识有了较清晰的认识。

余党绪老师是"批判性思维"的践行者。余老师说，他从2007年开始真正接触批判性思维，一发不可收，并深切地感到批判性思维逐渐成为他观察和理解教育的一种姿态、一个视角、一个工具，这给语文教学带来的改进是实实在在的，是解救语文痼疾的有效良方。2014年，作为教育部总课题"中学生批判性思维培养与语文思辨读写教学实践研究"负责人，余老师取得了骄人的成绩。"批判性思维"这一星星之火，大有燎原之势。余党绪老师出版了《祛魅与祛蔽》《说理与思辨》《中学生思辨读本》等图书，主要探究批判性思维在阅读写作教学中的实际应用，我边读边思，感受深切，自己的思维能力得到不断提升。

《普通高中语文课程标准（2017年版）》把"批判性思维"明确地写了进去，提出培养学生批判性思维，并推出"思辨性阅读与表达"的学习任务群，这符合社会发展的需要。罗伯特·恩尼斯对"批判性思维"的定义是：一种合理的、反思性的思维，其目的在于决定我们的信念或行动。[①]"理性""反思""信念或行动"是定义的三个关键词。董毓老师在其著作中从六个方面论述了"为什么批判性思维如此重要"。董毓老师特别强调批判性思维的重要性，在给学员上课时，董老师说："20年前，作为访问学者到英国经济政治学院学习，在聆听西方同学的分析讨论时，我坐在那里，不知道怎么提出合适的问题、有新意的推断、有根据的反驳。一开始，我以为我的英语水平不高所致，但是我很快意识到是自己思维的问题，缺乏对思想和论证合理分析、辨别、解释、推理、判断等能力。当时很痛苦，令我更加痛苦的是，今天我们的留学生仍然经历我当时痛苦的经历。要知道，批判性思维是生产知识的能力和方法，如果我们学生不具备，就没有创造创新……"[②]董毓老师的情怀，让我们心有戚戚然。

批判性思维能创造新的知识和能力，这是时代所需要的，而这恰是我们学生所缺乏的思维。看问题单一、不多元，感性多于理性，不能独立思考，容易盲从，不会充分论证，等等。这也正是我们在议论文写作教学中急需解决的问题。笔者计划用高二、高三两年时间，将批判性思维运用到议论文写作中，不断提高学生的思辨能力。初步确定从"对举概念"入手，先训练学生的二元思考能力。"对举概念"的提取，依据鲁教版必修课本的单元主题而拟定，譬如必修五第一单元主题是"人生的五彩梦"，选录了《沁园春·长沙》《离骚（节选）》《哦，香雪》《远方》四篇文章，综合文章内

---

① ［加］董毓. 批判性思维原理和方法：走向新的认知和实践 [M]. 2 版. 北京：高等教育出版社，2010：3.

② ［加］董毓. 批判性思维原理和方法：走向新的认知和实践 [M]. 2 版. 北京：高等教育出版社，2010：前言.

容，笔者拟定了"对举概念"——理想与现实，"理想"与"现实"到底有什么关系？逼着学生在写作中去思考、去论证。必修五第二单元主题是"爱的生命的乐章"，选录了《孔雀东南飞》《罗密欧与朱丽叶（节选）》《长亭送别》《中外诗歌四首》这四篇，笔者又拟定了"对举概念"——情感与理智。"情感"与"理智"是什么关系？同样逼着学生从二元角度去考虑分析。一直这样坚持训练学生的二元思维，直到学生能用批判性思维去独立思考、充分论证。第二步从逻辑知识入手，教会学生有逻辑地严密论证。譬如补充逻辑原理同一律、排中律、充足理由律、矛盾律，技巧有"否定前件""肯定后件""偷换概念""虚假假设"等。

写作教学有规律可循，从批判性思维入手探索实践，应该有所改进。

如何思辨性地构造一篇议论文

—— 以"理想与现实"话题作文为例

鲁教版必修五第一单元，主题为"人生的五彩梦"，选录了《沁园春·长沙》《离骚（节选）》《哦，香雪》和《远方》四篇文章。毛主席有"主浮沉"的理想，同时需面对"粪土万户侯"的现实；屈原追求"惟昭质其犹未亏""余独好修以为常"修身洁行的高尚情操，同时要面对"灵修浩荡""众女嫉余""时俗工巧"的现实；香雪，向往台儿沟之外的美好世界，但不得不面对眼前的贫弱、闭塞。理想是美好的，但现实则是严峻的。如何将理想与现实的关系理清并理性地面对，这是毛泽东、屈原、香雪包括我们每一个人都需要解决的问题。

学习第一单元之后，设计如下作文题：

英国威斯敏斯特大教堂石碑上有一段话："当我年轻的时候，我想改变这个世界；当我成熟以后，我发现我不能改变世界。"

请以"理想与现实"为题写一篇不少于800字的议论文。

"理想与现实"有一定的关系，属关系型话题，这种话题能训练学生的批判性思维。反过来说，运用批判性思维，能指导学生更好地写作关系型话题。批判性思维，是对某个问题能深入辩证地思考的思维。要对"理想"与"现实"之间错综复杂的关系，能进行深入辩证的论述，就要启用批判性思维。

批判性思维，本质上是独立思考、理性反思的过程。

独立思考，对一大堆信息要怀疑其真实性和准确性，避免被忽悠。"据报道（Harris，2000），对20世纪80年代后出生的年轻读者，接触的信息中有75%以上是出生以后产生的，很多是包含着有偏向的解说、以销售的形式传送来的——你必须辨别。"[①]这段文字传达给我们的信息是：20世纪80年代以后出生的读者必须辨别信息中有偏向的解说。对这个报道，你认为是真

① ［加］董毓. 批判性思维原理和方法：走向新的认知和实践［M］. 2 版. 北京：高等教育出版社，2010：6.

的吗？有没有怀疑？提供的数字和阐述的观点是否准确？……这个思考的过程是独立的，不受外来权威的影响，不盲从，也不要根据直观的感受来接受信念和结论。"独立思考的本质，不在于结论，而在于论证过程。"[①]像毛泽东、屈原、香雪等人，他们各自的理想不一样，同时各自面对的现实也不一样。理想与现实，有时间和空间的转换。理性反思当下的我们，理想和现实，其内涵和外延跟毛泽东、屈原和香雪那时的也不一样。

要将问题分析透彻深入，需要独立思考和理性反思。如何思辨性地构造一篇议论文，需要地从以下三方面着手。

一、构造始于话题分析

"当我年轻的时候，我想改变这个世界；当我成熟以后，我发现我不能改变世界。"用英国威斯敏斯特大教堂石碑上的这句话引出"理想与现实"这个话题。此材料揭示出"理想与现实"有一定的关系。

我们要探究的话题就是理想与现实的关系。话题分析如下。

首先，界定"理想"与"现实"的概念。《现代汉语词典》（第7版）对"理想"的解释："对未来事物的想象或希望（多指有根据的、合理的，跟空想、幻想不同）"，是可实现的。特点有三：合理、预期，可实现。理想可大可小，可能是近期理想，也可能是远期理想。《现代汉语词典》（第7版）对"现实"的解释："合于客观情况"。特点有二：即时、客观。"现实"包括环境、事物、制度、传统等。

其次，理清"理想"与"现实"之间的关系。简单地说，是辩证统一的关系。树立理想，应该是在现实的基础上，要清醒地认识到自身现实和社会现实；反过来，现实对理想起到约束或促进作用，脱离了现实的理想，就是空想、幻想甚至妄想。现实是变化的、相对的，鲁迅时代的现实与司马迁时代的现实不一样。对其关系，我们不能简单地下这样的结论：理想，只要付出努力，便可变为现实。只要一个人举出一个反例，你的结论便不成立，那么你建立的大厦顷刻间就会轰然倒下。"世界上所有的天鹅都是白的"这个结论很危险，只要能找到一只是黑的，那么你的结论便不成立。凡是树立的理想都能实现吗？如何实现？所依赖的价值观、人生观、世界观是什

① ［加］董毓.批判性思维原理和方法：走向新的认知和实践［M］.2版.北京：高等教育出版社，2010：8.

么？无法实现的话，是什么原因造成的？是理想太大了吗？还是现实太严酷了？理想是否应该随现实变化而变化？……凡此种种，在平时审题训练时，要引导学生多元思考。

分析话题同时列出下面一些论点：理想跟现实之间需要妥协；理想与现实不可脱节；仰望星空，脚踏实地；直面现实，忠于理想；身在流俗，愿逐理想……

然后对上面的论点加以取舍，最终确立自己的观点。

二、确立观点之后，再选择论证的类型

有同学确立观点为"理想跟现实之间需要妥协"，在论述时，选择归纳推理的论证方法。归纳推理，是从个别到一般、从过去到未来、从已知到未知的推理。譬如：

> 门口的这个人是盲人，有音乐才能。
> 阿炳是盲人，有音乐才能。
> 所以，盲人都有音乐才能。

在这个推理中，阿炳是盲人是已知的事实，而结论"盲人都有音乐才能"，表明任何盲人，包括我没见过的、其他地方的、将来的盲人，都有音乐才能。

一位学生所写片段如下：

> 著名体育评论员杨毅最初的理想是成为国足守门员，这对杨毅来说并非遥不可及，但渐渐表现出来的天赋和身体素质与理想的差距让他不得不向现实妥协。大学期间他成为了足球记者，当他参加工作时，单位领导告诉他，不需要足球记者，除非能报道篮球赛事。再一次，杨毅选择了向现实妥协。几十年后的今天，杨毅早已成为中国体育解说界的顶尖人物，解说的不是足球，而是篮球。
> 这能说杨毅放弃了自己的理想吗？能说他没有实现自己的理想吗？理想应该随现实而不断调整，如果一直固守最初的理想而不与

时俱进，岂不永远也实现不了理想、徒惹自己沮丧失望吗？杨毅选择再三向现实妥协这一现实，于是从理想此岸顺利到达现实彼岸。

由此可知，向现实妥协并不是放弃理想，而是看透理想。

这个推理中，杨毅是个别、已知事实，得出结论——"向现实妥协并不是放弃理想，而是看透理想"，是普遍的和未知的，这就形成归纳推理。

三、选择归纳推理论证方法，进一步考虑运用反面事例

另一名学生确立的观点是"理想与现实不可脱节"。除了正面事例，他还列举反面事例进行论证，正反对照，使论点更突出、论证更充分。所写片段如下：

"一个萝卜千斤重，稻米长得比人高"的理想不但背离了当时中国农村的生产率，而且违背了人类所能具有的劳动能力，可谓理想与现实彻底脱节。难道这不切实际的理想带来的仅仅是令人耻笑的"豪言壮语"吗？我们看到，砸铁锅、伐山林、平山头的行为之下，是人民物质极度匮乏的生活现实。如果那时对现实多一点理智的思考，将当时的建设计划与中国实际结合起来，就不会导致国家经济陷入瘫痪，让人民陷入外出讨饭甚至饿死的困境。由此可见，理想不能与现实脱节。我们应该脚踏实地，少一些不切实际的假大空想法，树立正确的理想。

还有一名学生确立的观点是"仰望星空，脚踏实地"，对其进行反面论证，片段如下：

叹今种种，恨古悠悠。多少人为了生计疲于奔波，而忘却了理想？多少人空有理想、大话连篇，不考虑实际？又有多少人不顾现实，只做表面文章，任由理想高地匆匆坍塌？

独立理性地分析话题，确立自己的观点，然后从正反两面充分论证，深入透彻地论述观点，达到以理服人的程度。可以说，做到这些，就能思辨地写作一篇议论文了。

一分为二看问题是通向
多元看问题的必由之路

学生在写议论文之初，在审题和论述上往往是浅显的。审题，只看到问题的一面，看不到其两面，更不要说多面；论述，也只从正面阐述，想不到事情有反面，更想不到辩证地进行论证。譬如"诚实"这一话题，学生在论述时，能从其意义或价值方面考虑，但想不到"不诚实"有什么危害，想不到"诚实"与"虚假"之间的关系，最终，对观点阐释得不深入、不广泛。究其原因，是学生不能一分为二甚至多元看问题。

议论文要达到以理服人的目的，首先要求学生能一分为二地看问题。唯物辩证法的一分为二，是指一切事物、现象、过程都可分为两个互相对立又互相统一的部分。就整个物质世界的发展过程来讲，一分为二是普遍的，但不能机械地理解，应该看到事物可分性的内容、形式，是多种多样的。

为了训练学生能一分为二辩证地看问题，根据单元主题，我们拟出了三组两两相对概念：理想与现实、情感与理智、坚守与放弃。将话题拟成容易一分为二辩证看问题的形式，是为了引导学生有意识地从对立或相关的两方面进行论述，以形成辩证思考问题的能力。

譬如有一名学生写的《理想与现实》片段：

> "一个萝卜千斤重，稻米长得比人高"的理想不但背离了当时中国农村的生产率，而且违背了人类所能具有的劳动能力，可谓理想与现实彻底割裂。难道这不切实际的理想带来的仅仅是令人耻笑的"豪言壮语"吗？我们看到，砸铁锅、伐山林、平山头的行为之下，是人民物质极度匮乏的生活现实。如果那时对现实多一点理智的思考，将当时的建设计划与中国实际结合起来，就不会导致国家经济

陷入瘫痪，让人民陷入外出讨饭甚至饿死的困境。由此可见，理想不能与现实脱节。我们应该脚踏实地，少一些不切实际的假大空想法，树立正确理想。

此语段，论述了理想与现实不可割裂的关系。引用历史课本记载的那个时代理想——"一个萝卜千斤重，稻米长得比人高"，阐释"理想脱离现实，不切实际，令人耻笑"的观点，接着又论述，物质极度匮乏之下，理想更不能脱离现实的观点。由此得出结论：理想与现实不能脱节，二者不可分割。

像这位能够进行思辨写作的学生人数比较少。基于这种情况，我们又接着拟定"情感与理智""坚守与放弃"两个话题。渐渐地，学生能建构起关系型两个概念的论证思路。

这三个话题根据必修五单元主题而设计，教师一边教授课文，一边指导学生写作文，初衷是让学生写作文时，形成一分为二辩证看问题的意识。通过这三个话题的训练，大部分学生能够有这种意识。

在此基础上，又引入高考作文题目，在审题立意上加大难度。就以2015年上海卷作文题目为例：人的心中总有一些坚硬的东西，也有一些柔软的东西。如何对待它们，将关系到能否造就和谐的自我。

上述材料中，"坚硬的部分""柔软的部分"是隐喻性质的词组，首先要还原本体。学生还原的"坚硬的部分"和"柔软的部分"具体指什么，是人所具有的某种品质，还是为人处世的原则，还是关于社会层面的概念？这比直接从材料中找到要写的关键词句加大了审题的难度。思维拓展了，立意才会不局限自我，会想到除自己以外的他人、国家、社会和世界。另外，需要注意的是，在材料中还有一句不可忽视——"造就和谐的自我"，并不是把心中原有的东西随意组合就可以了，关键是如何对待它们。这一点恰是我们要拓展的，也是我们在设定立意时重点思考的。

对于"二元论"的关系型作文写作，学生能用固定模式论述二者关系。"理想与现实"话题，理想是建立在现实基础之上的理想，而现实制约理想的实现，二者密切关联、辩证统一。又如"坚硬与柔软"话题，无论在情感还是理智或是在自身的性情还是为人处世上，都不可或缺，应该是相辅相成的。我们发现，学生对关系型作文，走入了固定模式的怪圈。论述"坚硬与柔软"时，套话立刻出来了："人不能不硬，也不能不柔软；不能太硬，也不能太软；人必须软中有硬，硬中有软……"①这样的写作，虽然看似"一分为二"，实际上内容空洞、思想苍白，典型的教条主义。二元的关系很复杂，绝对不仅仅是对立的二元，也有相关的二元。"在社会实践中，一分为二往往演化成为模棱两可，演化为骑墙派，演化成了此亦一是非，彼亦一是非。"②

学生的写作，虽然出现了这样那样的问题，但是，我们训练的目的初步达成：学生能一分为二地辩证地看问题。这也是引导学生多元化看问题的必经之路。

2018年11月24日，我让学生写一篇故事性新材料作文，材料如下：

> 农夫汤姆养了一群羊。放牧时，他总是放声高唱："我雪白的羊群啊，多么可爱……"可是有件事让他感到有些遗憾——他的羊群里还有一只黑羊。汤姆盘算着要卖掉黑羊："这样我的羊群里就都是可爱的白羊了。"
>
> 冬天到了。一天，在一场暴风雪中，汤姆与羊群走散了。当暴风雪停息的时候，漫山遍野银装素裹，汤姆四处寻找，哪里还有羊群的影子？这时，汤姆看到远处有一个晃动的小黑点，他跑过去，果然是那只黑羊！其他的白羊也在那里。

这个材料记叙了一个故事，没有议论或抒情的语句，从字里行间抓不出表明观点的词或句。学生应根据故事内容进行分析并概括，可以从农夫的角度，也可以从黑羊的角度。

这个故事展现的内容比较复杂，农夫通过歌声表达其对白羊的偏爱，这是他个体的情感，在情理之中，没有对与错。只是在对待黑羊这个"异类"时，他不宽容、不接纳。但是冬天的一场暴风雪中，汤姆与羊群走散了。当暴风雪停息的时候，漫山遍野银装素裹，汤姆四处寻找，根本找不到他的羊群。

---

① 余党绪. 说理与思辨：高考议论文写作指津 [M]. 上海：上海教育出版社，2017：55.
② 余党绪. 说理与思辨：高考议论文写作指津 [M]. 上海：上海教育出版社，2017：57.

如果冬天里农夫已经把黑羊卖了，那么暴风雪之后他从哪里找到白羊群呢？正因为有黑羊在一片茫茫白雪中凸现出来，才能让农夫找到白羊群。此时，黑羊的个体价值得以体现，不被喜欢不等于没有优势、没有价值。

有时候我们就像那只黑羊，我们没有必要与周围的人完全相同，我们要显现自己，发挥自己的特长，也许这样才能在关键时刻发挥不同寻常的作用。农夫应该对自己的偏爱、过分追求完美、考虑问题的思维定势等进行反思；当然，我们也不必苛责农夫，有时候我们可能也会犯农夫那样的错误。对这个材料，我们应该多元理解，分别从农夫、黑羊的角度进行思考与反省。

从农夫的角度切入：①接纳差异，宽容差异，认识差异的价值；②思维定势会影响人们对事物的判断；③过分追求完美会带来真遗憾，不完美才是最完美；④尊重个性，宽容异类；⑤换个角度看问题；⑥求同存异；⑦一分为二，辩证思考。

从黑羊的角度切入：①有时优势也能成为劣势，有时劣势就是优势。尺有所短，寸有所长；②事物应该丰富多彩；③每个事物都有自身价值，存在就是合理的；④和而不同，成就大美；⑤无用之用，乃为大用；⑥发扬个性，独树一帜。

批阅学生作文，我们欣喜地看到，大部分学生从审题立意到正文分析，能一分为二辩证思考，但同时我们发现，从"黑羊"角度立意较多。譬如，农夫不喜欢黑羊，存在对待"差异、异类、缺憾"的态度问题；同时更应该看到，农夫发现不了黑羊的价值，缺少发现"千里马""识才用人"的潜质。古往今来，许多成就事业、卓有建树的人才显露"峥嵘"之前，其巨大潜质常常湮没于平凡之中，难以被人捕捉，其独特个性常常遭到排斥甚至扼杀。正如韩愈笔下的千里马，虽有千里之志、千里之能，如果没有伯乐识货，也只能"辱于奴隶人之手，骈死于槽枥之间"。"能受天磨真铁汉，不遭人忌是庸才"，"黑羊"这类人才，不被埋没，关键要有"农夫"这些伯乐。

人才，可能就存在于那些有争议的像"黑羊"一样的人之中。战国时期"四君"之首的孟尝君，门下食客三千，其中一个名叫冯谖的雅士，身佩长铗，乱发披肩，举止颇显怪异，且出门办事必配车马，每日用餐必有鱼肉，稍不如意，便以"长铗归去"相要挟。其"恶劣作风"令"（孟尝君）左右皆恶之"，纷纷进言要求打发了之。孟尝君有伯乐之慧，处处以诚相待，尽量满足冯谖的"过分"要求。后来冯谖凸显出自己"黑羊"一样的才能，出谋划策，利用诸侯间错综复杂的关系，为孟尝君巩固了在齐国的地位。孟尝君是"农夫"、是"伯乐"，发现了人才冯谖。

学生没有从这方面去考虑、去立意，也许是因为还没有类似"黑羊"的遭遇，不能感同身受。

当然，也有学生的作文里，闪烁着二元思考甚至多元思考的火花。

如这名学生《一分为二，辩证思考》片段：

> 农夫喜爱白羊，厌恶黑羊；但帮农夫找到茫茫白雪之中羊群的恰恰是黑羊。由此可见，事物具有两面性，那些看似有益于我们的不一定总是对我们有利，而那些我们不喜欢的甚至阻挠我们的却不一定不能为我们所用。辩证地思考问题，方能开阔思维，认清自我与世界。

再如《不完美才最完美》片段：

> 蔡元培先生以"兼容并包"为办学宗旨，提倡思想自由。于是，各派大师云集燕园。北大成为当时思想最活跃的学术重地。蔡元培先生这种做法没有一味否定某一流派，而是采集百花，兼容并包，任其自由生长。若从材料中农夫的角度来看，思想多元不是统一成"白羊"便是不完美，然而其真的是"不完美"吗？就思想贡献而言，多元流派的激烈交锋，相互促进，不也促进了思想解放、学术活跃吗？若一味对"黑羊"异己进行打压，排挤与"正统"不符的所谓"异类"思想，便如西欧天主教会打压异己，明朝李贽民主著作遭禁毁一样，思想得不到激烈讨论，社会也得不到进步。

《有用无用，需弃之间》片段：

君不见，北京古城墙被视为"无用之物"遭到拆毁，如今惋惜连喊"不该"，"有用"思想酿成北京城永恒败笔。君不见，多少工人在苦学他技，培养"无用"之兴趣，争取一日失业可以凭借"无用之趣"谋得谋生之业。一时无用，不代表永远无用；一时有用，也不能取代无用之物存在的价值。要正确对待"有用"与"无用"。

学生的写作可圈可点。引导学生运用批判性思维进行思辨性写作的过程，也是教师不断反思总结改进的过程。总之，引导学生一分为二看问题，是通向多元化看问题的必由之路。

河流，该怎样越过沙漠

阅读下面的材料，根据要求写作。（60分）

　　有一条河流，它发源于山区，流经乡野，最后这条河流到了沙漠。当河流到沙漠时，它发现自己在消失，因此他非常惊恐。"我要怎么样才能像以前越过障碍，来越过这个沙漠呢？"河流焦急地想。

　　这时，沙漠对河流说："风可以飞越沙漠，所以河流你也能。"河流并不相信沙漠的话，因为它有各种流动的经验，但就是没有飞越的经验。于是它猛力向前冲，在沙漠中消失得更快。

读完以上材料，你有怎样的联想和感悟？请根据要求写一篇不少于800字的文章。

要求：选准角度，自定立意；自拟题目；除诗歌外，文体不限；文体特征鲜明。

一、解析材料

这是个寓言故事。给人一定的警示或启发作用。材料中，河流不想消失，在沙漠面前，它感到了自己的软弱和渺小，要抗争。但无论用怎样的速度流淌，最终还是会消亡。怎么办？沙漠给河流建议，但河流没有听从，还是像原来那样猛力前冲，结果加速消失。假如河流不猛力前冲，听从沙漠的建议，像风一样飞越沙漠，存活了下来，那么它还是原来的那条河流吗？假如有个人不想死亡，将自己的身体"冻"了起来，百年之后，科技发达到可以将他苏醒过来，那么世殊时异的"他"还是一百年前的他吗？像河流一样"猛力前冲"以抗衡，不也挺好？我们每个人都是这条"河流"，当遇到了诸如"沙漠"一样的难以逾越的障碍，譬如瘟疫、地震、海啸等，那么我们人类会怎么抗争？

当然，这只是个寓言故事。

对活力四射、青春昂扬的十七八岁的高中生来说，或许他们从来没有碰过什么难以逾越的沙漠，也就不会有对"死亡"等哲学命题的思考。材料中所说的"沙漠"障碍，只存在于他们的想象之中，他们平时遇到的所谓的"沙漠"一样的障碍，仅是期末考试、高考等事情。大前提已定，假如教师非得引导他们要像河流那样一意孤行，盲闯莽撞，岂不是误入歧途？既然如此，就要引导学生相信沙漠所说的话——风可以飞越沙漠，所以河流你也能。人的一生，说长也长，说短也短，难免会遇到这样那样大小不一的困难挫折，对于人生刚刚开始的高中生来说，理所应当积极面对并相信沙漠所说的。

"沙漠"有什么寓意？"沙漠"是何方神圣？为何要相信他的话？这让我想起了《西游记》，唐僧师徒最终取得真经要经历"九九八十一难"，八十一难缺一都不完美。可以这样理解，是磨难磨砺了他们，使他们修炼成仙。"沙漠"是磨难，在河流摸不着头脑、想不出法子的时候，他清楚地知道自己既有生杀予夺的大权，也能居高临下地指出河流的出路。河流在沙漠面前，显得那么渺小，那么无力。余秋雨在《宁古塔》中曾说："最让人动心的是苦难中的高贵。"生命中的高贵，不靠衣装、不靠外貌来装扮，而靠跋涉在苦难里的浩然正气来丰盈。史铁生在最狂妄的年龄残废了双腿，这简直就是横亘在"生"面前的"沙漠"，磨难让他悟出"生与死"的真谛："一个人，出生了，这就不再是一个可以辩论的问题，而只是上帝交给他的一个事实；上帝在交给我们这件事实的时候，已经顺便保证了它的结果，所以死是一件不必急于求成的事，死是一个必然会降临的节日。"[①]既然这样，何必悲观，何不乐观？

2019年1月1日，河北邢台市临西县东老官寨村，卡车司机倪万辉夫妇被埋葬。13天以前，跑青藏线的长途货运司机倪万辉夫妇倒在被卡车司机们称为"生命禁区"的五道梁，死于高原缺氧。明知去西藏送货危险，为什么还要去？为了生活。倪万辉夫妇为生活所迫的辛酸，你和我能理解得了吗？

---

① 史铁生. 我与地坛 [M]. 北京：人民文学出版社，2011：3.

"沙漠"在地球上自然存在，同样在每个人的人生中也存在，有身体上的，有精神上的，有生活上的，怎样越过，是我们必须面对的问题，是人生的必修科目。

如此说来，河流的做法就有失偏颇了。

河流先是提出问题——怎样越过沙漠障碍，他在积极地想办法。沙漠给了一个建议——飞越。河流对沙漠的建议，不相信。为什么不相信？因为河流只有流淌的经验，没有飞越的经验。经验是个好东西，凭经验无需冒险，无需走弯路，可以办成很多事。经验同时也是个坏东西，束缚人，让人不敢大胆尝试。为什么不敢尝试创新？其一，有害怕失败的心理；其二，没有适宜环境或激励机制。于是河流作出自己的判断，不相信沙漠的建议，不愿接受别人的劝告。如果接受"飞越沙漠"的建议，换另一种生活方式、生存状态，或许河流会得到重生。但河流拒不接受，按照原有的经验"猛力前冲"，结果消亡得更快。此时，我们禁不住扼腕叹息：河流如能突破原有的经验、改变原来的做法该多好！

综上考虑，准确的观点就拟定出来，譬如：因势而变，冲出沙漠；突破经验，具体分析；克服经验主义，遵从实际；理性创新，超越自我；懂妥协，知退让；倾听善诚，冷静思考；穷则变，变则通，通则久；改变自己，适应环境；根据实际，理智前行；突破自我，玉汝于成；敢于尝试，拒绝经验主义；不惧未知，勇敢创新；莫从旧道，度势变通。

二、学生作文示例及简评

面对现实，勇于突破

高二（15）班　孙佳艺

河流没有飞越的经验，面对自己要在沙漠中消亡的现实，因坚持固有的想法而消失得更快。以河流为鉴，我们要面对现实，勇于突破。

噫，笔者知矣：唯有突破创新，打破旧经验，方可解决问题，直面沙漠！

费洛姆曾言："没有绝望的处境，只有对处境绝望的人。"突破是敢于面对现实困难的处境；突破是敢于将自己的过去归零的勇气；突破是敢于尝试探索新领域。唯有突破才会使你充满希望，元气满满。

突破需要有足够的勇气，有将一切成功经验归零的决心。球王贝利在20多年的足球生涯里曾经参加过1000多场球赛，他超凡的技艺令成千上万的球迷为之心醉，甚至还让球场上的对手拍案叫绝。可当有人采访他时，他却说："下一个才是最好的球！"正是因为球王贝利有突破自我的勇气，不让固有的经验束缚自己，才成就了非凡。否则他会被"荣耀的现实"束缚，不能飞越"沙漠"。

企业家张瑞敏说过："只有把成功忘掉，才能面对新的挑战。"诚然，若是河流能将自己成功流动于山野的经验归零，面对沙漠的新挑战时，勇于突破自我，不就不会消亡了？河流如此，人亦如此。张瑞敏用"休克疗法"这一创新做法使海尔家电处于行业领先地位。如果如材料中的河流那样去做，海尔早就泯然众矣。冰心说得好："冠冕是暂时的光辉，是永久的束缚。"把成功经验忘掉，摆脱束缚，不断突破，方可有所成就。

突破，需要有创新改革精神。2018年我们国家隆重庆祝改革开放40周年。嫦娥四号探测器成功着陆、C919国产大飞机大量研发试飞、天眼建成……哪一项成就能离开创新突破？

叹今种种，恨古悠悠。多少人疲于奔命，在家庭事业两点一线上来回移动不敢突破？多少人更热衷关注那些不需要思考突破的绯闻？学术造假、大学生论文抄袭等现象比比皆是。面对困境只一味固守成规，不创新不突破，中华民族如何立于民族之巅？

面对现实，勇于突破；面对束缚，敢于创新。如此这般，既修得清泉石上流的品格，又推动社会迎来明月共潮生的美好愿景，可谓人生当歌，社会可庆！

该篇文章结构严谨，思路较清晰，首段简短引用材料，中心论点单独成段直观清晰，观点明确。运用层进式结构，个人突破需要勇气和创新，再深入至国家改革层面，层层递进。多次点题，紧扣中心。文章论证方法较为丰富，引证法、例证法相结合。费洛姆等人的名言运用恰当，符合论点要求，使论证更加有利。论证语言多采用整句的形式，最后用三个疑问句反思当下，冲击力强。结尾化用"明月松间照，清泉石上流"，增添了诗意色彩。

穷则变，变则通，通则久

高二（15）班　王媛媛

河流面对消失于沙漠的困境，固守流动的经验，一味猛进，终被沙漠吞噬。如同亘古不变的自然法则一样，处于生活困境之中的我们，亦须"穷变"，方能通久。

一味固守原来，将"经验之谈"奉为圭臬，这是不可取的。从近代打开中国大门的第一声炮响到康梁奔走疾呼变法革新，从辛亥革命胜利的歌声到新文化运动飘扬的旗帜，在困境之中，仁人志士不断引进西方文化的先进理念，为危在旦夕的中华文化补充新鲜血液，将老派封建观念冲击得支离破碎，有力地促进了国民精神苏醒。若一味固守"天朝上国"的观念，认为"四海之内，皆为狄夷"而不曾醒悟、不愿穷变，如今的盛世华年只怕早已是消失于风中的笑言。历史用事实告诉我们：唯有穷变，方能通久。

"穷变"是哲人于逆境之中敢于尝试、敢于创新的勇气；"穷变"是物竞天择适者生存的体现。逆境面前，只有"勇变""智变"，方能走出低谷，看到阳光。

不要畏惧变化，更不可拘泥于经验。若与河流一般，只习惯于山区和乡野的土壤，不愿适应沙漠的风沙，一旦环境发生变化就会束手无策。勇于尝试，将适应的范围扩大，将发展的空间拓宽。

创新是引领发展的第一动力。勇于尝试，便是创新。屠呦呦为了提炼青蒿素，不拘泥于现代技术，选择从中医古书中寻找答案，勇于尝试，敢于创新，最终拯救百万人生命。现代中国改革开放又何尝不是如此！

　　站在时代的新起点，未来会有更多挑战与困难，我们不应像河流那样待在经验的舒适区，而应放弃固有经验之谈，善于改革创新，方为"穷变通久"的真谛。

本文题目引自周易，层层推进，以古文形式强调"变"的重要性。

开篇回扣材料，引入观点流畅，开门见山，由河流的穷变引出人的穷变。第二段以近代中国救亡图存的历程为论据，康梁变法、辛亥革命等具有说服力的材料，用事实证明穷变的重要性。第三段提出穷变需要勇变、智变，并在第四段、第五段论述变化需要智勇双全、敢于创新，最后总结穷变通久的真谛。

全文围绕穷变通久的道理，提出穷变的重要性，论述如何变，并总结。论述语言生动自然，观点鲜明，选材紧扣题目恰如其分。

拟定合适的作文题目，迷茫中不断探索

——以"义"作文题为例

选择写什么内容的作文题，大家一般没有总体规划，总是东一榔头西一棒槌。

2018年至2019学年度高二第一学期，我们教学组展开讨论：学生写的议论文存在什么问题、应该怎样解决、亟待解决的应是什么？我们讨论决定，尝试改变目前现状，自己拟定作文题目。

结合高一所练的议论文，小组总结出本学期要在学生思辨写作方面下功夫，从训练"两两对立的概念"入手。为什么选定"两两对立概念"作为作文题目的内容呢？主要原因是学生的议论文缺乏思辨性，不能辩证统一地看问题。余党绪老师在其著作《说理与思辨》中写道："在语言中，有一些两两同时出现的概念，出现一个我们就会自然而然地联想到另一个。这样的概念可以称为'对举概念'。对举概念是人类思维的基本范畴……在说理中，借助范畴来阐释问题，往往能够透过复杂的现象看出事物的本质，达到事半功倍的效果。"[1]正如余老师所说，要训练学生的思辨思维，非得从两两对立的概念入手不可。高二第一学期的教学计划，应该学完山东人民出版社出版的教材必修五。必修五分四个单元，有四个主题：人生的五彩梦、爱的生命的乐章、深邃的人生感悟、以天下为己任。根据这四个单元主题，我们拟定了三组两两对立的概念，分别是：理想与现实、情感与理智、坚守与放弃，然后进行话题作文训练。

这三次作文没有加入材料，只有话题，降低了审题难度，目的是训练学生写作文的思辨性。后来又训练了几次，加入了材料，用往年的高考题目，譬如重庆卷和上海卷题目。

有了"两两对立概念"的训练主线，一学期下来，有路可走，走得踏

---

① 余党绪. 说理与思辨：高考议论文写作指津 [M]. 上海：上海教育出版社，2017：51—52.

实。

第二学期，在选择什么作文题目方面，教学组又陷入了困境。

可能有的老师认为写什么作文题目无所谓，关键是需要不断地训练，写作没有捷径，只是一个字——写。这不是什么歪理，作文本身教无定法，借鉴他人拟定的作文题目不是坏事，毕竟他人经过深思熟虑，命制的题目很规范、很成熟。看过不少语文名家关于写作方面的著作，他们也没有总结出行之有效的规律或方法。根据笔者的教学经验，写作教学难，关键是训练学生思维难。学生的思维过程像流水，方向不定、终点不定，个性化特点突出。对于教师来说，要从思维上来训练学生写作，很难掌控。教师也没有一个万能的办法、一个放之四海而皆准的标准来规范一个班级所有学生的思维。作文教学，就目前的现状和条件来说。可能更适合个体教学。

之所以要自己拟定作文题目，原因有二。一是符合学生实际情况。不是所有的作文题目都适合每个学生。学生与学生有差别，适合学生的"最近发展区"，才是因材施教，写作教学跟阅读教学如出一辙。凡是好的作文题目全盘拿来，一味奉行"拿来主义"，并不妥当。二是自己拟定题目可以逼迫我们通盘制定作文教学规划，先练什么、后练什么、序列怎样安排，一切都有总体规划。比如根据教学计划，教学山东人民出版社出版的《史记选修》。《史记选修》每个单元有一个主题作为主线串起各个篇章。第二单元的主题是"义薄云天"，包括《赵氏孤儿》《信陵君窃符救赵》《管鲍之交》《鲁仲连义不帝秦》等。根据单元主题和篇目，再结合学生所学，然后拟定作文题目，形成"以写促读，以读助写"的模式。

将"义薄云天"单元概括出"义"这一话题，让学生结合古代"义"的内涵，再联系当今社会现实，进一步思考：是完全传承古代"义"的内涵，还是辩证地接受？

一开始设计了如下两个材料：

材料一 春秋时期，程婴救赵孤、立赵孤，最后杀身成仁；公孙杵臼舍身救孤。

材料二 2018年10月11日下午，南部战区陆军云南扫雷大队四队在云南省麻栗坡县某雷场进行扫雷作业，作业组长杜富国带战士艾岩在一个爆炸物密集的阵地雷场搜排时，发现一个少部分露于地表的弹体。正当杜富国按照作业规程，小心翼翼清除弹体周围的浮土时，突然"轰"的一声巨响，弹体发生爆炸，杜富国因此失去了双手和双眼。爆炸发生时，他下意识地倒向艾岩一侧，正是杜富国这舍生忘死的刹那一挡，两三米之外的艾岩仅受了皮外伤。

材料一概括了《赵氏孤儿》的主要内容，用了两个升华并能解释"义"内涵的词：杀身成仁和舍身救孤。这是司马迁乃至古人对"义"的理解。材料二所说的是2018年感动中国人物事迹，杜富国对战士艾岩舍生忘死的刹那一挡，是对"义"的一种诠释。古今两个事例，目的是引导学生思考"义"的内涵有何不同。

在讨论过程中，有老师提出，两个材料对"义"概念的理解不全面。《现代汉语词典（第7版）》解释"义"：1.公正合宜的道理，正义；2.合乎正义或公益的；3.情义。这么一看，大家便恍然大悟，材料一和材料二，是两个事例；而《现代汉语词典》恰恰是对"义"概念的界定。把这三个放在一起，会拟定出比较恰当的作文题目。

于是，增加了两则材料，形成四则材料：

材料一　《现代汉语词典》对"义"的解释：1.公正合宜的道理，正义；2.合乎正义或公益的；3情义。

材料二　春秋时期，程婴救赵孤、立赵孤，最后杀身成仁；公孙杵臼舍身救孤。

材料三　2018年9月8日，吕保民在幸福北街菜市场发现一男子持刀抢劫，遂上前制止，被歹徒连刺五刀，身受重伤。吕保民见义勇为的事迹得到广大群众的赞誉。

材料四　2018年10月11日下午，南部战区陆军云南扫雷大队四队在云南省麻栗坡县某雷场进行扫雷作业，作业组长杜富国带战士艾岩在一个爆炸物密集的阵地雷场搜排时，发现一个少部分露于地表的弹体。正当杜富国按照作业规程，小心翼翼清除弹体周围的浮土时，突然"轰"的一声巨响，弹体发生爆炸，杜富国因此失去了双手和双眼。爆炸发生时，他下意识地倒向艾岩一侧，正是杜富国这舍生忘死的刹那一挡，两三米之外的艾岩仅受了皮外伤。

最后确定作文题目时，又加上了"吕保民见义勇为"这个材料，我认为这个材料跟材料四的取向差不多，可加可不加。

批阅完学生的作文后，笔者发现学生审题立意时，百分之九十是单向正面的，高举"义"之旗，呼吁大家行"义"成仁。这种情况既在意料之中，也在意料之外。我们掩卷反思：有三则事例，都在对"义"进行正面阐释，这无意中给学生一个指向——暗示必须全面接受古代以及词典里"义"的内涵。

笔者在自己所带的两个班作了口头调查，学生基本认同材料中有明确指向这个看法。设计三则关于"义"的正面材料，这对学生立意具有一定的暗示。如果我们在拟定这个作文题目时，事先设计了关于"不义"的事例材料，不知道有多少学生能从正反两面辩证地阐述。当然，正面阐述，能深入到位，逻辑严密，是好的；如果能多方面考虑问题，进行论述说理，会更好。辩证唯物主义认为，世界上任何事物的内部和事物之间都包含矛盾的两个方面，矛盾的双方既对立又统一。关于"义"的材料，虽然都是正面事例，但是对"义"这一概念，其实存在"义与不义""义与利""义与生"等矛盾的两个方面，我们须辩证看待。

令我们欣慰的是，有些学生能辩证地看问题，文章闪现着思辨火花。譬如学生吕瑶瑶的作文《同为舍生取义，不可等量齐观》中的片段：

> 有些人的舍生取义是完全不顾及个人利益，而着重考虑他人，这种牺牲自我以帮助他人的行为无太多可取之处。有些出于无私、勇敢的义举，看似与以大局为出发点的舍生取义殊途同归，但其精神层面与现实性远远不符，值得肯定的是很好地袭承了传统的义的内涵，但也有局限性。那些见义勇为制止歹徒的英雄，是否考虑了自身实力？是否只是一时头脑冲动？又是否考虑过若把歹徒激怒而会伤害更多无辜的人？若能顺利解决，都皆大欢喜，若结局适得其反呢？这种用舍生取得的义，便没有多大意义了。为救落水女孩而不幸溺亡的熊家维，其行为可歌可泣，让无数人感动；为救舍友而不幸被舍友男友捅死的江歌，其行为让无数人唏嘘感慨。他们用自我的死换来了另一个人的生，本质上是没有区别的，但如果他们当时冷静分析情况，正确处理，而不仅仅只凭一己之力，那不就不仅拯救了他人，也避免了其父母白发人送黑发人的悲剧。

　　社会现实中，有些"舍生取义"是需考量的，完全拿古人的"义"来行现代之事，世殊时异，不也很有局限性吗？"义"的内涵至少要加入现代社会的因素。一些看似勇敢的"义举"，实际上已经背离了"义"的本质，歪曲了"义"的意义。在充分肯定见义勇为行为的前提下，又能质疑"那些见义勇为制止歹徒的英雄，是否考虑了自身实力？是否只是一时头脑冲动？又是否考虑过若把歹徒激怒而会伤害更多无辜的人？"这些问题，吕瑶瑶同学的这些思考，有一定的思辨力，保持了思维公正性。从"义"的内涵考虑，还从义举者本身的实力和所处位置来考虑，还从义举者周围的亲人等角度来考虑，将思维推向深入。

　　关于如何拟定合适的作文题目，我们的探索将永不停息。

我让学生坚持写随笔

2019年正月初六，语文课代表用微信给我拜年，并询问寒假有没有随笔作业，还说班里有些同学对我没有布置写随笔感到诧异，这很不符合我一贯的做法。我会心地笑了起来，有点小得意：学生已经把写随笔当成生活必需了，写随笔已经成为他们的一种生活习惯。我回复："不写随笔，是不是感觉生活像缺了什么似的？因为过年，年前没布置；你现在不问，我也正盘算这件事。"笔者对随笔的坚持，初见成效。

开学之后，我批阅学生的寒假随笔，欣喜地发现：很多学生寒假伊始就开始写随笔，完全是自觉主动的，不会因为我没布置而不做，并将写作日期明确地写在题头（平时我是这样要求的）。在老师没有布置的前提下，学生能将所作所为所思所想随手记下，成为一种生活常态，这让我感到欣慰。坚持让学生写随笔，有一定效果。好的习惯，力量是强大的；但培养一种良好学习习惯可不是一两天就能培养出来的，是师生长期摸爬滚打共同努力的结果。

大部分学生一提写作就头疼，仿佛写作是天底下最难做的事。无论老师怎么淡化写作的难处，但在学生看来，写作就是最难的事！难在哪里？不在作文本身，而是学生不愿动笔、不愿动脑这种习惯。余华曾经说过："写作的捷径，只有一个字，就是写！写个二三十年，写作就变成了你的生活。"余华所言极是，不写怎能整出一篇文章，作文又不是靠吹牛吹出来的！要解决学生愁写作、怕写作的问题，得从根源上入手，"逼迫"学生不断地写。

一、高一到高二，用时间熬炼

高一学生一入学，我就开始布置写随笔，要求学生一周至少写一篇甚至多篇随笔并强调其重要性。

为什么要写随笔？要记下一闪而过的思想火花。我们的一些想法，不分场合、不分时间会突然在脑中闪现，这时就要及时用笔记下。否则，时过境迁，烟消云散。

字数要求，先是跟中考衔接，以600字为准；再慢慢地加到800字甚至1000字。刚开始，我不要求学生写得多么得体、多么讲究技法，关键看写的字数多不多、篇幅长不长。随笔是我搞写作教学的一块"自由田""实验田"，任由学生驰骋发挥。规矩不多，要求不多，学生可连载小说，也可写诗填词。孙绍振先生曾说过："作文教学有时是反效的，就在于教师越教越有框框，学生越不会写。随笔写作，让学生放开手脚，解放思想。"鉴于此，对篇幅长、字数多的随笔，我大加表扬，毫不吝啬，以督促学生尽量多写。字数多，对一件事或一个人的叙述描写，学生很自然就能运用多种技法。

学生喜欢老师表扬，尤其刚入高中，以期树立在陌生同学中的良好形象。我抓住他们的心理特点，一旦逮住学生的亮点，就狠狠地表扬，被表扬的学生随笔越写越长，其他学生也努力往前赶超。于是，班里形成你追我赶的良好风气，越写越多，越写越好。

一周、两周……一篇、两篇……随笔越写越长，越积越多。学生用时间熬炼随笔这锅粥，愈久弥香。

二、随笔就是生活

冈察洛夫曾说："我只能写我体验过的东西、我思考过和感觉过的东西、我爱过的东西、我清楚地看见过和知道的东西。总而言之，我写我自己的生活和与之常在一起的东西。"生活是写作的源头活水，离开了生活的写作是一潭死水，这正如冈察洛夫所言。这个道理学生都懂，但是懂又能怎样？到了写随笔的时候，他们还是一筹莫展，不知道写什么好。高中学生多数寄宿在学校，要说没什么好写的，大家都一样。可总有一些学生的随笔写得生动逼真，细腻深刻。据笔者了解，随笔写得好，一个重要原因在于这些学生能细致地观察生活。罗丹曾说："生活中不是缺少美，而是缺少发现美的眼睛。"能留心观察生活，这是写好随笔的第一步。

《普通高中语文课程标准（2017年版）》强调学生作文要贴近生活，写作离不开生活，但是有了生活就一定能写出好作品吗？生活不等于写作。既然这样，把生活转化为作品就需要过程。刚开始写的时候，学生没有话题意识，于是我先设置一些话题，譬如"军训中发生的小事""你家的厨房""餐厅吃饭的见闻""学校的夜晚""让我猜猜你笔下的同班同学是谁""母亲的双手"等，用话题引导学生观察生活、贴近生活。学生提前进行充分观察和构思，动笔写下来就是容易的事了。慢慢地，学生有话题意识，写随笔也就成了日常生活。

三、我是学生最忠实的读者

学生刚入学时写的随笔，字不通、句不顺，再加上学生愁写，一般会以应付作业的心态来对待。每次笔者批阅时，如同喝草药一般，苦涩难以下咽。对教师来说，这是一件极其考验耐力的事情，笔者任教的两个班100多本随笔，按每周每篇不少于600字来算，总共至少6万字。假如每分钟阅读300字左右，大致能算出每周批阅随笔花费的时间了。

有些学校的老师，从来不要求学生写随笔，只写考试作文，学生高考成绩也不低。这种情况存在，也无可厚非。有时老师们也会怀疑在随笔上付出那么多精力和体力，对学生有什么好处，对语文教学有何益处。就高考而言，两周一次大作文写作也足够了，那教师为什么还要求学生写随笔，凭空增加自己的工作量？原因其一，《普通高中语文课程标准（2017年版）》明确做出"课外练笔不少于2万字"的规定。其二，写随笔是对高中生活的记录与反思。笔者在劝导学生坚持写随笔的时候经常说："你写的随笔，不一定在高考中用上，但它一定是你高中生活的真实记录。俗语道：'雁过留声，人过留迹。'很多年之后，你可能不记得老师讲过什么知识，但当你拿起自己的随笔本时，高中生活马上浮现在眼前，还有什么比这更珍贵的呢？"我对写随笔的态度很坚决，不会急功近利。学生自然明白其中的道理。端正态度，对于坚持写随笔至关重要。

周一收齐随笔，我不会急于一口气批完，而是有空就批一部分，分三四天批完。精彩的随笔，我会让作者亲自在课堂上读一读，其他同学点评交流。然后将随笔里的优秀篇章，整理打印发给大家，再进行细读。如此循环往复，被表扬的学生积极写作，带动其他学生写作，形成良性循环。一直这样坚持，学生随笔写得越来越精彩，兴趣也就越来越浓厚。

学生有小烦恼，会在随笔里倾诉并寻求我的看法；学生有小秘密，会跟我分享；学生下定决心的事情，也会寻求我的监督……总之，他们把我看作最忠实的读者。我有时不是在读随笔，而是在阅读一个一个学生了。

学生坚持写随笔，我坚持阅读。学生笔下的文字不再像开始写时那么晦涩难懂，我批阅时也渐渐有了享受之感，这就足够了。

思辨性思维：以准确的语言表达为基础

—— 以青岛市高三第一次模拟考试作文题为例

2019年3月18日，青岛市高三第一次模拟考试作文题目如下：

> 现在，丰衣足食，生活无忧；昔日，粗茶淡饭，其乐融融。现在，电动玩具，精致有趣；昔日，自制沙包，练手练脑。现在，医疗器械，准确诊断，科学治疗；昔日，乡村医生，望闻问切，治病疗心。现在，微信问候，电话关怀，快捷便利；昔日，书信往来，焦急等待，情深意切。

> 40年改革开放，我们感受到了生活的便利、舒适与满足，也感受到一些东西的远去与消逝。社会的变迁，给你带来怎样的联系与思考？

要求：选好角度，确定立意；明确文体，自拟标题；不要套作，不得抄袭，不得泄露个人信息；不少于800字。

命题人用四组"现在""昔日"，分别在衣食、玩具、医疗和通信方面，将40年改革开放前后人们生活的变化形成对比，最后得出结论——在社会进步的同时，我们远离或失去了一些东西。材料包含强烈的思辨性，既表明社会进步，同时引起读者思考有些东西为什么会远去与消逝。这是作文题的亮点之一。其二，命题人紧扣当下中国社会，抓准时代主旋律——改革开放40年。这一命题思路跟全国高考一卷作文题基本一致，也是亮点。

读了材料，我强烈感受到：命题人要么是"80后"，没有经历改革开放之前的艰苦岁月；要么经历过那段岁月，但本身家庭条件比较好，没有吃不饱穿不暖的记忆；要么已经淡忘过去的艰难，只剩下美好的回忆，人忘记过去总是很容易。如果有学生读了材料之后，感觉现在的生活还不如昔日，希望回到以前的生活，那也无可指责，因为命题人语言表达的就是这个意思。

　　老师们都明白，要原创一道语文题，不容易，更何况是作文题。笔者很尊重命题人的劳动。但是，笔者有一孔之见，望命题人谅解。

　　"昔日，粗茶淡饭，其乐融融。"粗茶淡饭，是真事。粗茶淡饭，到底"粗"和"淡"到什么程度，并没有具体指明。学生没有经历改革开放之前的困苦生活，想象不出吃不饱穿不暖具体是什么状况，可能就觉得像他们这样偶尔吃一次煮地瓜或蒸玉米饼子，蛮不错的，偶尔粗茶淡饭，对身体大有益处，自然其乐融融。在青岛地区，特别是农村，生活真正有起色，应该是在家庭联产承包责任制之后。题目中对概念"粗"与"淡"没有界定具体内涵，致使语言模糊不明确。

　　"其乐融融"一词，笔者更是不敢苟同。

　　20世纪70年代，笔者正当童年、少年，记得很清楚，农村家家户户缺衣少吃，有些人家能好一点，但一年也吃不上几顿白面馒头。为什么以前渴望过年过节？想一想，根源在于过年过节时能填一填油水少得可怜的肚子。逢年过节，家里才其乐融融。平日里为一口吃的，家人没少吵吵，邻居村人也吵吵个没完，大家过得并不开心。我同学因为吃剩一块苦地瓜蒂，被她父亲满胡同撵着揍，说她不节省粮食，实际上是把艰难的怨气撒在我同学身上，同学那撕心裂肺的哭声至今仍回响在我耳边。母亲为了贴补油盐酱醋日常家用，把个大饱满的白菜拿到集市上卖掉，而我们只能吃难以下咽的白菜帮子。年底，笔者舅舅拎着村里分的二斤猪肉（到年底才分一次猪肉，平时没有），丧着脸去找村长，说欺负他老实，给他的全是瘦肉，坚持要把瘦肉换成肥肉，肥肉能炼猪油，熬菜时可以用上一点……这样的苦难经历，不止我有，那个时代的大部分人都有。莫言在回忆他母亲的时候，这样说过："有一段时间，村子里连续自杀了几个女人，我莫名其妙地感到了一种巨大的恐惧。那时候我们家正是最艰难的时刻，父亲被人诬陷，家里存粮无多，母亲旧病复发，无钱医治。……"这样的日子，不愿回想的日子，怎么能"其乐融融"？如果这也是其乐融融，那么学生认为过去的生活蛮不错，可以？那么改革之后的现在与改革之前的昔日，吃穿住行就没有根本上的差别，那么改革开放还要不要继续进行？当然，不否认昔日有"乐"的心理和现象，相对来讲，有家庭条件好一些的。但是社会的普遍性建立在个体一致性基础上，谁家也不比谁家好到哪里去，只是心理平衡罢了。"其乐融融""乐"在何处，命题人并没有准确指明，较模糊。

　　于是，笔者尝试着修改。

第二处"现在"和"昔日"对比，"自制沙包，练手练脑"，意在说明，现在孩子想要什么便买什么，而昔日靠自己动手制造沙包，锻炼了自己的手脑。我不明白，沙包自制，能练手练脑，那么电动玩具就不练手练脑了吗？我有如此疑问，考生很有可能也有类似疑问。其实命题人想表达的是，现在孩子动手操作能力差，什么都用钱直接买来，不亲自动手，这样只有结果没有过程的经历，毁灭了孩子的好奇心和乐趣点。这让命题人很是担忧。这种担忧不是没有道理，但是一定要准确地将信息传达给考生。"练手练脑"用词不当，导致理解不明，建议换成中性词"动手动脑"。

第三处对比中对"昔日"的陈述，更是需要推敲。"昔日，乡村医生，望闻问切，治病疗心。"这已经不是用词造句上的模糊问题，而是不符客观事实的问题。不可否认，现在的医疗条件较以前好了不知多少倍，但事实上，农村的医疗水平和医务人员素质普遍比较低。笔者的老家在偏远的农村，对此感触很深。而材料中所说的"医疗器械，准确诊断，科学治疗"，这种情况一般存在于城市，尤其是发达的城市。青岛市内四大区，大医院林立，交通方便。可是郊区如即墨、黄岛、平度和莱西等比较偏远的农村，村里虽然有乡村医生，但是他们水平毕竟有限，只依靠望闻问切就能"治病疗心"是不现实的。现在都这样，更何况昔日！那时，缺医少药是极普遍的现象。命题人应准确地陈述客观情况，不误导考生。

总之，在作文中，考生没有思辨地立意并论证"在消逝中进步"之类的观点，跟材料语言没有准确表述有一定关系。

最后，借用董毓教授在《批判性思维原理和方法》的话，与大家共勉："如果在一个论证中，它的关键词是模糊的，我们没有办法了解它的意义和运用范围，那么这就是一个问题，它会把论证带到迷雾中。"[①]作文命题中所给的材料更应该是一个严密而准确的论证。

---

① ［加］董毓. 批判性思维原理和方法：走向新的认知和实践［M］. 2 版. 北京：高等教育出版社，2010：148.

故事类新材料作文：
要从审题思维过程切入
—— 以2019年青岛市高三第二次模拟考试作文题为例

一、原题呈现

阅读下面材料，根据要求写作文。

18世纪法国有个哲学家叫丹尼斯·狄德罗。有一天，朋友送他一件精致华美的睡袍，他感到非常开心。回家后他迫不及待地穿上睡袍，在书房里走来走去，想要体验穿新衣的快乐。可是，很快他就快乐不起来了，家里的旧式家具、污糟地板以及各种陈设在新袍子的衬托下显得十分不和谐，他再没有心思去感受袍子的舒适和华贵，而是赶紧把家里的陈设都换成新的，以求跟新袍子相匹配。

要求：综合材料的内容及含意，自选角度，确定立意，明确文体，自拟标题；不要套作，不得抄袭，字数不少于800字。

二、审题过程

（一）细读材料，梳理情节

狄德罗得到朋友送的一件华美睡袍，非常开心。可穿上睡袍没多久，他就快乐不起来。家里各种旧陈设与新袍子十分不和谐，他再没有心思感受新袍子的华美。于是，狄德罗把旧陈设换新，以求匹配。

（二）综合材料

狄德罗开心与否，跟新睡袍和旧陈设是否匹配（和谐）有关。新睡袍与新陈设匹配，狄德罗才开心；新睡袍与旧陈设不匹配，他就不开心。朋友没有送新睡袍之前，狄德罗对自己家里的旧式家具、污糟地板以及各种陈设，没有嫌弃，心态很平和；自从有了新睡袍，就感觉不妥当，心情不爽。是新睡袍与旧陈设不和谐，才导致狄德罗不快乐。

（三）概括关键词句

"精致华美睡袍""旧式家具、污糟地板以及各种陈设""非常开心""快乐不起来""不和谐""相匹配"。

（四）推测概念含意

"新睡袍"，寓意为外来的、外在的物质；"旧陈设"，寓意内在的、本有的物质。新睡袍，是新的、华美的、舒适的，而陈设是旧的、污糟的、不舒适的。新睡袍与旧陈设既可指具体物质，也可隐喻抽象概念。

（五）赋予概念深意

"新睡袍"和"旧陈设"两个概念，有其隐喻义。"新睡袍"是外来的、外在的物质，可以是别人送的一部手机、一束鲜花等，也可以是一句赞美的话、一个鼓励的眼神等，当然还可以是外来诱惑，诸如名与利等。"旧陈设"是内在的、本有的物质，可以理解为平和心态等。

（六）做出判断

你的判断是什么？可以肯定狄德罗的做法，也可以否定，然后在综合整个故事的基础上提出自己的看法。

（七）选择立意角度并确立观点

1.肯定角度

（1）外因可以激励人更加努力向上，最终与他人、自然、世界达到一种和谐

（2）匹配意识，激励自我完善；从一点一滴做起，不断改变自己，逐步走向和谐

（3）改变自我，促进和谐；勇于追求和创造，使生活更和谐美好。

2.否定角度

（1）不被外物所役而迷失自己。

（2）欲望永不满足，失去真正的快乐。

（3）减少物欲，追求简单生活和充实精神。

（4）知足常乐，当珍惜。

3.辩证角度

（1）适用相合为正道，追求和谐之乐。

（2）正确看待配套效应，不要过分重视形式。

（3）既要有更好的追求，又要知足常乐。

（4）理性对待新事物：匹配的就接受，不匹配的勇于拒绝。

三、反推学生审题过程，指出存在问题

学生1拟定的题目是《别让"刻意"追求打乱脚步》，文章开头第一段写道："无论是华美的睡袍，还是精致的家具，平凡而又宁静的生活被'刻意'打破。不是说我们不应追求上进，而是应该相信天道酬勤，绝不刻意。"

其一，"刻意"一词，《现代汉语词典》（第7版）解释为："用尽心思。"原材料中哪里能体悟出狄德罗的生活是被用尽心思打破的？狄德罗非常开心，因为朋友送他一件精致华美的睡袍，他想要体验快乐，穿上睡袍后却发现与屋子里的旧陈设不和谐。朋友送他睡袍是偶然事件，并非要刻意打破狄德罗原来的生活。其二，此生提出的"天道酬勤"一词，跟原材料无任何关系。此生没有细读材料，没有搞清楚故事大意，立意错误。因此，故事型新材料作文审题，必须要细读并理清材料。

学生2题目是《切莫强求"标配"人生》。文章开头第一段写道："狄德罗为求与新袍子相匹配，将家中的旧陈设都换成新的。旧陈设与精致华美的睡袍不和谐，使其变得和谐自是狄德罗的一种追求，然而，若任其恶性发展便不利于己。故曰：应理性面对生活，勿盲目追求标配。"

第一段共三句话：第一句话概括材料主要内容，推出第二句话，狄德罗追求一种和谐，不应该否定，但是过度追求便不利于己；第三句话以"故曰"，总结前两句话，得出结论，结论前半句"应理性面对生活"，跟前两句话衔接密切，但是后半句"勿盲目追求标配"中的"标配"概念很是突兀，跟前两句话的"和谐"不协调，跟材料中"匹配"不一致。有同学认为"标配"跟"匹配"是近义词，没有太大的差别，完全可以互相替代。但是在讲究逻辑严密的议论文中，用"标配"替代"匹配"，就有偷换概念之嫌。此生是在审题过程之"概括关键词句"环节出了问题。

学生3题目是《老树新枝更著花》。文章开头第一段写道："新的睡袍，衬托出旧家具的不堪，促成了陈设更新；旧的家具，积淀着岁月与生活，呼唤着简单的快乐。鸿蒙直视，以新促旧，以旧守心，协调新与旧的杠杆，方能以老树旧，新著出一树璀璨，拥大美人生。"

此生将"新睡袍"简化为"新"，将"旧陈设"简化为"旧"，然后立意"新"与"旧"的关系。还原本体"老树"应为"旧家具"，"新枝"应为"新睡袍"。而"旧家具与新睡袍"等同于"老树与新枝"的关系吗？显然不是。此生在"综合材料"这一环节出了问题，只抓住材料中的只言片语。

新材料作文常会给审题带来一定的难度。怎么从材料中找出本质内涵，是立意的关键。然而，很多学生很难透过材料找准本质。要立意准确，必须能够透过材料抓到深层意蕴。教师平时要多训练学生这种基本能力：审材料，找出关键字词句；明了材料情感意向、价值取向；把握材料所表达的观点和意图。

新材料类型包括寓言故事类、现实故事类、言论类、哲理类、诗文类、图画图片类等。形式上有单则材料和多则材料两种。

对于现实故事类新材料作文，如何准确审题立意？首先要读懂读透故事，这是最关键的一步。学生3只看到故事里概念的特征——"新"与"旧"，没有全面把握核心概念"新睡袍"和"旧陈设"，犯了"一叶障目，不见泰山"的毛病。其二，材料的深层意蕴需通过分析故事，再联系人性、人生、国家和世界层面并加以提炼和升华。一件精致华美的睡袍，使得狄德罗快乐不起来，干扰了他原来平和的心态和宁静的生活，导致他更换旧陈设以相匹配。这件"精致华美的睡袍"难道仅仅是一件睡袍？这个故事难道仅仅是狄德罗更换旧陈设以匹配新睡袍的故事？显然有隐喻义，隐喻了人生、国家乃至世界相互和谐这个主题。学生1拟出"天道酬勤，绝不刻意"的观点，没有提炼出故事深层意蕴。

一言以蔽之：对现实故事类新材料作文，教师训练学生审题立意，可以从思维过程切入。

演讲稿不容易写，但要学会写

—— 以《富有的是精神》和《我有一个梦想》为例

2019年高考全国Ⅰ卷作文题要求用演讲稿形式写作，估计部分考生在考场上会很懵：演讲稿该怎么写？高考考查演讲稿的写作，向我们传递出一个信号：演讲稿这种文体学生应该了解，并且要会写。

演讲稿是实用类文体，跟法律文书、访谈录、新闻稿等一样，社会实践性较强，是一部分专业人员需要掌握运用的文体。虽然使用演讲稿的是一部分人，但不等于高中生不需要掌握。2015年高考全国Ⅰ卷考查书信，2019年则考查了演讲稿、发言稿等，那么2020年是不是能考查访谈录、新闻、通讯、社会调查、述评、活动策划书等实用类文体？即使高考不考，从学生长远发展来看，高中期间，教师也应该教会学生掌握各种实用文体的写作。

《普通高中语文课程标准》（2017年版）明确将"实用性阅读与交流"作为必修内容提出，"旨在引导学生学习当代社会生活中的实用性语文……通过本任务群的学习，丰富学生的生活经历和情感体验，提高阅读与表达交流的水平，增强适应社会、服务社会的能力。"①规定强调要引导学生学习实用性文体，以增强学生适应社会、服务社会的能力。可事实上，教学中对此并不十分重视。2019年对演讲稿等的考查，引起了老师们的重视。孙绍振先生如是评价："2019年全国Ⅰ卷和Ⅱ卷最大的亮点是文体上的要求：演讲稿。这个亮点太亮了，可以说是历史性的巨大突破。"

鉴于高考对演讲稿的考查，笔者进行了一次演讲稿的写作训练。作文材料如下。

材料一：如果你是一滴水，你是否滋润了一寸土地？如果你是一线阳光，你是否照亮了一分黑暗……如果你是一颗最小的螺丝钉，你是否永远坚守在你生活的岗位……"——雷锋

---

① 中华人民共和国教育部. 普通高中语文课程标准: 2017年版 [S]. 北京: 人民教育出版社, 2018: 20.

材料二：把一件简单的事做好，就是不简单；把一件平凡的事做好，就是不平凡。——人民网《夜读》栏目

以上两则材料，触发了你怎样的联想和思考？

请结合材料的内容和含意，面向本校同学写一篇演讲稿，体现你的认识与思考。

要求：选好角度，确定立意，明确文体，自拟标题，不要套作，不得抄袭，不得泄露个人信息，不少于800字。

批阅学生作文之后，笔者发现：绝大部分学生认为在开头、结尾套上演讲稿格式，就是演讲稿了。实际上，学生只是将议论文当成演讲稿来写，并不知道演讲稿的文体特征。演讲稿有一定格式、独特特点和个性化语言的要求，跟一般的议论文或抒情文不一样。下面结合教材必修五（山东教育出版社出版）里的两篇演讲稿——谢冕先生《富有的是精神》和马丁·路德·金《我有一个梦想》，具体谈一谈。

一、演讲稿有一定交际情境

演讲者，根据演讲的目的和内容，创设一种预期的氛围和情境，或以理服人，或以情动人，与观众产生共鸣。演讲者与观众同处一种情境，互相影响，这样就必须关注观众的反应，讲得好，观众报以掌声；讲得不好，收到的可能是嘘声或谩骂声。反过来说，观众情绪与反应也会影响演讲者的心态及发挥。

学生写的一般性议论文，往往没有读者意识，对老师阅读后是什么反应并不关心。而演讲稿有一定情境，要面对观众，所以写作时一定要有读者意识。童话中的灰姑娘，当其盛气凌人的继母在场时，她战战兢兢，毫不起眼；当在舞会上遇到王子时，她变得美丽出众、神采奕奕。情境不同，灰姑娘可谓判若两人，说明情境在生活中有重要作用。同样，情境对演讲也有重要作用。演讲稿写作要关注一定的交际情境，要抓住观众的心理。如果演讲自顾自话，那演讲肯定不会成功。

《富有的是精神》是谢冕先生在北京大学中文系1997级迎新会上的演讲稿，主要对刚入学的新生进行"劝学，训学"。怎么能让学生意识到在北大努力学习四年无比重要这一问题，是他在演讲稿里要创设的情境。开头

讲道："你们是名副其实的跨世纪的一代人，你们要珍惜这百年不遇的机会。"首先让学生感到考入北大是一件无比自豪的事情。接着讲道："你们是未来世纪中国的建设者。你们将在未来的岁月中做出平凡的或杰出的贡献……"让学生树立为国为民的强大责任感，到北大来学知识、学本事，将担负起家国责任。接着谢冕先生讲道："一个人成就有大小，水平有高低，决定这一切的因素很多，但最根本的是学习。"他结合自己的人生经验说："我想告诉大家，我现在从事的工作……靠的就是北大本科几年的读书的积累。"极力劝导学生，利用大学四年努力学习。谢冕先生的演讲既有理论说教，又结合经验教训；既晓之以理，又动之以情，娓娓道来，像一股清泉流进学生心里。

创设情境，是演讲稿写作的关键。从某种意义上来说，情境决定演讲稿写作的内容；要写好演讲稿，首先要厘清情境。

二、演讲稿有特定阅读对象

演讲稿的阅读对象是现场观众。演讲者跟观众互动交流，观众对你的演讲有反应、回应；反过来讲，观众决定演讲稿的内容。观众文化水平大致属于什么程度、年龄多大、有什么需求等，这些在演讲稿写作时都要考虑到。譬如，年龄方面，观众群是青少年，他们的人生观和价值观还没有完全形成，容易被说服；而五六十岁的老人，就不太容易被说服。2019年高考作文要求写演讲稿，并设定了观众——本校同学。学生构思这篇演讲稿的时候，一定要想一想：演讲稿开头怎么写才能一下子抓住同学们的注意力？内容写什么才能与他们产生共鸣？

《富有的是精神》面对的观众是刚入学的大一新生，有较高文化水平和素养。因此，谢冕先生讲的道理比较深奥，内容贴近学生实际情况。如果观众是即将毕业的大四学生，谢冕先生可能会嘱咐到社会参加工作应注意的问题；如果观众是小学生呢？谢冕先生的演讲稿恐怕要重新构思。《我有一个梦想》的阅读对象是处于美国底层的、文化水平普遍不高的黑人群体，因此，整个稿件内容较浅显，很容易理解。观众不同，观众层次不一，决定了演讲稿的内容。

三、演讲稿有个性化语言特点

马丁·路德·金《我有一个梦想》演讲的目的，是要鼓舞黑人团结起来争取种族公正公平。要达成这个目的，他的演讲内容就要带有鼓动性。譬如开头这句："今天，我高兴地同大家一起参加这次将成为我国历史上为争取自由而举行的最伟大的示威集会。"马丁·路德·金用了"最伟大"这个词，"历史上没有比这一次更伟大的示威集会了"，点出了示威集会的非凡意义，一开场就点燃了黑人们心中的熊熊烈火，非常有鼓动性。像这样的词句，文中比比皆是——"我们必须正视黑人还没有得到自由这一悲惨的事实""自由和平等的爽朗秋天如不到来，黑人义愤填膺的酷暑就不会过去"等。

为了便于抒情，《我有一个梦想》多用短句、整句，如"我梦想有一天，幽谷上升，高山下降"，"有了这个信念，我们将能一起工作，一起祈祷，一起斗争，一起坐牢，一起维护自由"。相较长句，短句有抒情快速而浓厚的特点；整句，整齐上口，讲起来有力量。

另外，用排比、反复等修辞手法，强化情感，增加气势。如"我梦想有一天"复沓呼告，"让自由之声从……"排比反复，形成排山倒海的威势，让黑人们受到鼓舞、激励。

总之，演讲稿写作要突出一定的交际情境，充分考虑阅读对象，运用具有感染力的语言。写一篇演讲稿不容易，但这不是写不好的理由，要有针对性地训练。

浅析青岛市 2019 年高三考试作文题

一、原题呈现

请以《让世界倾听你的声音》为题，写一篇不少于800字的文章。

要求：自选角度，确定立意；不要套作，不得抄袭；除诗歌外，文体不限；文体特征鲜明。

二、解读题目

审此作文题，首先要厘清"世界"与"你"这一对概念。

"你"或许就是第二人称"你"，是一个生命个体；而"世界"则是你的内心思想。遵从自我认知和内心追求，便是个体世界要倾听的声音。

"你"可能是一个孩童，而全部的世界便是爸妈用爱营造的小家庭。"你"饿了、撒娇或恐惧而发出的哭声，世界立刻给予"你"全部的爱。

"你"也可能是名著里作者塑造的一个人物，譬如贾宝玉、阿Q、富贵、孙少平等，他们的声音，想让全世界的人倾听到。

"你"是一窝蚂蚁、一只喜鹊等，而"世界"就是整个自然界。

"你"是一本名著、一段名曲、一种传统等，而"世界"的人们会倾听你借助文字、音符等所发出的声音。

"你"是某个地区，"你"是某个国家，"你"是整个地球……

"你"或强或弱，或具体或抽象，或感性或理性；"世界"可大可小，可古可今。在动笔之前，学生必须界定清楚两个概念的范围，方能有针对性地深入论述；否则泛泛而谈，如蜻蜓点水一般论述浅显。在批卷时，笔者发现有学生没有界定清楚范围，行文中，一会儿"你"是一个名人，一会儿"你"是一种传统文化，一会儿"你"又是祖国。不断更换"你"所指的对象以致论述不深入、不透彻。

厘清"世界"与"你"这对概念内涵，是思辨论述的第一步。

其次，"声音"是什么？风声、雨声、蝉鸣、雁叫、鱼戏水、鸟振翅、吟诵声、歌唱声、交谈声、质疑声等，它们是我们经常听到的，很感性、具体，久而久之，成为我们生活的必需品。

除了具体声音，还有抽象声音。一堆文字是一个作家发出的声音，一幅画是一个画家发出的声音，传统文化、哲学思想……是一个国家或民族拥有的声音。无论在世界哪个角落，人们一谈起京剧、中医药，自豪感立刻爆棚，因为它已经成为中华文明的一种"声音"了。

自然界和人类社会的各种声音，无论美妙与否，我们都会从中获得某种大家一致认同的意义。雁阵南飞，发出"嘎嘎嘎"的叫声，会唤起我们的伤感：秋天来了，雁阵南归。声音的意义是从雁叫中获得的。"声音"只是两个字，但是生活的积累能让其意义变得非常丰富。中国诗词、戏曲、中医、武术等，影响了亚洲各国甚至世界，这种积极昂扬的"声音"，能共享共用，能造福人类，有深刻意义。

有中国之音，有国外之声，有文明之声，有正义之声，有质疑权威之声，有谩骂嘲讽之声……确定"声音"到底是什么内涵，这是作文深入思辨的第二步。

第三，怎么才能让世界倾听到。我们发出的声音，无论有多大，很快就会被淹没在空旷的四周；我们发出的声音，无论多么美妙动听，或许不会被多少人注意。世界那么大，一种声音总是很微弱。鲁迅振臂一呼，以为"应者云集"，"云集"没出现，倒是孤独寂寞接踵而至。被淹没、被漠视的声音，并不代表不美妙、不昂扬，相反，可能更洪亮、更有内涵；而被听取的声音，也可能是霸权强权、非正义之声。

"你的声音"，要被世界倾听到，非加"让"不可，有外在一种力量的迫使。"让"字，在审题时不容忽视。"我去干活"与"让我去干活"两句话的意义有很大差别。"我去干活"可能是主动的、积极的，有内驱力；而"让我去干活"可能是被动的、消极的，体现出外部压力。同理，"让世界倾听你的声音"，需有策略、方法、条件、证据等，否则世界不会主动、积极倾听你的声音。习近平主席提出的"一带一路"倡议、"人类命运共同体"等主张，虽然高屋建瓴，但一开始也许不会被太多国家认同。怎么办？

创设互利互惠的政策与环境，让整个世界倾听到我们的诚意，让别的国家获得实实在在的好处。渐渐地，声音由弱变强，由小到大。中医药，世界上很多人认为其没有科学依据，对其排斥诋毁，是屠呦呦研制出青蒿素医好千千万万疟疾患者这一伟绩，打破了质疑之声。不是说他们的质疑是错误的，而是我们要有被世人倾听所必备的条件或成就。

你发出自己的声音，要让世界都听到，须具备"让"的力量和能力。

重精神文化追求，塑质朴真实之魂

——"精神脂肪"作文升格导引

一、原题呈现

阅读下面的材料，根据要求写作。

走在大街上，我们时常可以看到有关瘦身的广告，爱美确实是人的天性，我们有必要清除身体中过多的脂肪。但是，从另外一个角度说，在这个喧嚣的时代，各种低俗的思想观念和人生追求不断泛滥，这种"精神脂肪"的堆积也在影响着个体的身心健康。因而，我们更有必要关注这种"精神脂肪"的危害。在这个意义上，有人说得好："物质的脂肪臃肿着我们的身体，精神的脂肪臃肿锈蚀着我们的灵魂。"

以上材料引发了你怎样的思考？请选好角度，确定立意；明确文体，自拟标题；不得套作，不得抄袭；不少于800字。

二、审题指导

材料由三大句组成。第一句，谈生活现象，为了美丽，有人会减掉身体过多的脂肪。第二句，紧承第一句，上升到人的精神层面，认为堆积价值取向低俗的思想观念和人生追求，这会影响人的身心健康，因而更应关注"精神脂肪"的危害。第三句，对前两句进行总结：物质脂肪臃肿身体，而精神脂肪锈蚀灵魂。

分析材料可知，核心信息指向"精神脂肪"——价值取向低俗的思想观念和人生追求。因此，立意点着重于以下几个方面：当下社会有哪些"精神脂肪"？为什么会有？有哪些危害？如何甩掉？

三、升格作文

重精神文化追求，塑质朴真实之魂

高三（15）班　程玉帆

郭嘉木曾言："我们每个人都应为自己修一座心灵花园。"诚如斯言，在当今社会各种价值取向低俗的思想与人生追求泛滥之时，我们应该为自己修一座心灵花园。因此，每个人应重视对精神文化的追求与修养，塑造那质朴真实之灵魂。

"精神脂肪"在无形中危害着我们的身心健康。托尔斯泰之语萦绕耳畔："人类被赋予了一项工作，那就是精神的成长。"斯言不谬，"精神脂肪"不除，则灵魂终无圆满之日。

塑自我精神内在之美，展时代民族自信。

日本著名影星山口百惠曾因天生脸带雀斑而一度自卑，但其后她决定坦然接受这份缺憾。正是她那标志性的雀斑和其散发出的自信与明艳之美让观众记住了这个开朗的笑脸女孩。山口百惠曾也希望通过手术改造外表，然则若真的付诸行动，其自发的坦然气质也便再难再现了。反观当下社会青年，高考结束后的整容潮"变形记"，追求尖下巴、高鼻梁、双眼皮……安知昔盛唐风姿之肥环瘦燕，千般风情万种娇？难道不是大唐"敢受四海来贺"的盛世写照与国人的自信之美吗？

重文化追求之迫切，勿以物质壅蔽心灵。

物质只是一时的，而文化素质才是真正与你我相伴一生的。朱光潜在《谈修养》中曾表示：莫用物质将自己喂成待宰的肥羊。故，我们不应为物质所壅蔽，而应勿忘精神文化层面的自我修养。林徽因曾颠沛流离，住在简陋的屋里，但她仍坚持去旧货店淘旧书，自制一个书架，为陶制土罐插上大把野花。在物质匮乏时，她对文化孜孜以求的精神气质，不亦是我们学习的榜样吗？

精神修养，或如"腹有诗书气自华"的坦荡安然；文化之美，亦是"带月荷锄归"的精致与洒脱。习近平总书记有言："我们要建设的社会主义现代化强国，不仅是物质上的，更是精神上的。"回首往昔，四十载改革开放风云，国家从未停止以社会主义核心价值观引领社会发展。国如此，我辈何如？我们自当接受高雅情趣的熏陶，远离低俗文化，从根源上扼杀"精神脂肪"的苗头。

重精神文化追求，展内在自信明艳；寻质朴真实之美，现灵魂璀璨之光。

四、升格总评

升格作文运用辩证手法，使论证更加透彻有力。第二自然段起到承上启下作用，承接上文，指出"精神脂肪"的危害，引用托尔斯泰一句话，肯定了祛除"精神脂肪"的必要性，然后启示下文该"怎么做"。第四段，举正面事例，然后加入反面现象，前后形成对比，使论证更深入。第七段，联系当下社会、国家，更进一步谈论要"从根源上扼杀精神脂肪的苗头"，使整个文章不停止在一个层面，而是又深入了一个层面。如此，论证深入，思想深刻。

评议"铁肩担道义"新材料作文

一、原题呈现

阅读下面材料，写一篇文章。

嘉靖三十四年，时任兵部员外郎的杨继盛因弹劾严嵩被治罪处死，他书写的绝命联"铁肩担道义，辣手著文章"至今流传。1916年9月，时任北京大学图书馆主任的李大钊为友人书写此联时将"辣"改成了"妙"而成"铁肩担道义，妙手著文章"，传诵甚广。1967年9月6日，杨联陞向恩师钱穆"求字"，恳请钱穆先生书写"平肩担道义，庸手著文章"，以"平肩亦可分担道义，庸手犹当勉著文章"自我警勉。而钱穆先生为杨联陞书写时改为"双肩担道义，只手著文章"，只改二字，再出新意，传为佳话。

这几个不同版本的对联，你最喜欢哪一个？请写一篇文章，明确你的选择，并阐述你的理由、观点和态度；自拟标题，不要套作，不得抄袭，不少于800字。

二、材料解读

批改学生的作文之后，发现偏题者重在论述"担道义"和"著文章"上。怎么写才能不偏题？审题必须要准确。材料中第二段如是要求：这几个不同版本的对联，你最喜欢哪一个？请写一篇文章，明确你的选择，并阐述你的理由、观点和态度。学生要分析第一段材料，明确不同版本的对联内容："铁肩担道义，辣手著文章""铁肩担道义，妙手著文章""平肩担道义，庸手著文章""双肩担道义，只手著文章"。对比这四个版本的对联会发现，相同之处在"担道义""著文章"，而不同之点在如何"担道义""著文章"，即是"铁肩""平肩"还是"双肩"，是"辣手""妙手""庸手"还是"只手"。

同为"担道义""著文章",方法途径有何不同？这一定要回到材料中去，即回到语境中。分析语境，学生会做出自己的选择。

分析材料会发现，"铁肩""辣手"是杨继盛的绝命联，因弹劾严嵩被治罪处死。他宁肯掉头，也要直谏，有一股子路见不平的"愤"，有针砭时弊的冷峭态势，有投枪匕首般的犀利语言。

1916年，中华民族处于水深火热之中，李大钊，中国的脊梁，能屈能伸的大丈夫，除了有"铁肩"，还要有"妙手"。文章写得高妙深远与委婉智慧，同时是自我能力的自信。在当时风雨如晦的中国，还是要"知其不可而妙为之"。

"平肩""庸手"，是杨联陞向恩师钱穆"求字"的自谦之语，体现了一种谦卑和好学精神。平就是平凡，庸就是普通，平庸就是平平凡凡普普通通。自己喝着稀饭就着咸菜也要关注国家和民族的命运，有家国情怀。

钱穆为杨联陞书写时改为"双肩"和"只手"。钱先生化用傅専《夜吟寄钝剑》中的诗句："风云只手开天地，道义双肩并古今。"他不但肯定了杨联陞的自勉，而且赋予"双肩"和"只手"一个最直观的意思，即"简单"或"单薄"。人人有"双肩"，人人有"只手"，无需吹得天花乱坠，我们要担当，无非就在举手投足之间。"担当"不是暴虎冯河，更多的是无所畏、有所为。钱穆先生对这副对联的改动蕴有深邃内涵。

学生做出选择，然后在文章中一定要明确选择。先在题目上明确，然后行文中要及时点明观点，让阅卷人更加清楚你的选择。

三、参考立意

选杨继盛"铁肩担道义，辣手著文章"的，侧重在"担当之无畏，文章之辛辣"。

选李大钊"铁肩担道义，妙手著文章"的，侧重"担当之勇，为文之妙"。

选杨联陞"平肩担道义，庸手著文章"的，侧重于"低调自视，平庸为文"。

选钱穆"双肩担道义，只手著文章"的，侧重于"平实担当，从容著文"。

四、学生作文示范

双肩毅然担道义，只手亦可著文章
高三（15）班　王媛媛

　　杨继盛因弹劾严嵩被处死，其绝命联"铁肩担道义，辣手著文章"至今流传，"铁"与"辣"二字，也在时代更迭中不断变换。而我最喜欢钱穆先生所书"双肩担道义，只手著文章"。

　　变"铁肩"为"双肩"，少了几分沉重厉绝，多了几分从容不迫；少了几分尖锐锋芒，多了几分温润静稳。相对于自谦之言的"平肩""庸手"，"双肩只手"是钱穆对学生才能的认可与期许：只管全力以赴，勉力去做，何患平庸？肩担道义，手著文章，自有清风明月来。

　　于人，"双肩担道义，只手著文章"是最理想人格。

　　"双肩"意味着责任之重，"只手"意味着行文之绝，古今风流人物盖如此。虽道义之路举步维艰，却从未放手，而选择执着一世，只手所作传世文章，莫不是道义之言。君可见太史公"意欲以究天人之际，通古今之变"，以双肩担着国之信史之道义，虽前路万难终不后退，从容只手"成一家之言"；君可见子美颠沛流离乱世间，已然"白头搔更短"，却愿得广厦千万以庇天下寒士而独穷己身，以双肩担忧国忧民之道义，只手书哀凉乱世家国殇；君可见鲁迅以笔为戟横扫黑暗呐喊彷徨，虽时局可怖，仍毅然以双肩担唤醒民族魂之道义，只手针砭如斯浊世。其人于道义皆不退不避，勉力担当，以文载道，以道述文，行走一世，无悔无憾，成理想人格。

　　于国，"双肩担道义"是护尊严展风采之必须，维和平促发展之必然，"只手著文章"是使世界听我、思我、感我、拥我之必由。

　　泱泱华夏曾以盛世之名风行海内外，担文化传播之道，成"东亚文化圈"之繁荣。历近代炮火，如今中国已然大踏步赶上时代。双肩担道义，邀四方共建"一带一路"，绘人类命运共同体之蓝图，积极参与全球治理，献中国智慧之使命担当。只手著文章，孔子学院遍布全球，《习近平谈治国理政》多国译文相继出版，中国图书于法兰克福书展大放异彩……在复兴的大道上，中国日益走向世界舞台中央。

"双肩担道义，只手著文章。"人当如此，国亦当如此。人当肩担道义手著文章，行走于世无畏无憾，方成大写之"人"；国当肩担道义手著文章，荡全球治理之积弊，破历史周期律之沉疴，方可行之愈远。

而作为人的我们，虽无铁肩，却非肩平；虽无辣手，却非庸手。双肩毅然担道义，只手亦可著文章，于人于国，相得益彰。

【教师简评】

本文围绕"双肩担道义，只手著文章"一联，说明"双肩担道义，只手著文章"的原因、意义，结合当下时代，阐明责任担当于人于国的重要意义。

最大亮点：文章语言凝练，词语丰富，说理透彻。将"双肩担道义，只手著文章"融入题目，对仗工整，突出重点。论证结构清晰，将分论点单独提出。大量引用化用古文诗词，契合对联的古文基调，使全文文化氛围浓厚，意蕴深刻。论据材料丰富，贯穿古今，具有时代色彩。结论将人与国联系在一起，阐明人与国的关系，强化个人社会责任与家国情怀，树立文化自信。

以铁肩辣手，筑文人精神

高三（15）班 周华伦

"铁肩担道义，辣手著文章"短短一联，不知被更改多少次，但仍喜爱杨继盛先生的初创，其彰显的文人精神，正是这个时代所缺乏的。作为青年一代，仍应铁肩辣手，筑文人精神。

文人精神是道义的铁肩，是对道义的绝不妥协、绝不让步。

曾参曰："士，不可以不弘毅，任重而道远。"诚如斯言，文人们柔软的双肩上却有着铁一般的道义。些微领过道义者的教训：在皇帝昏庸时，我景仰魏征为道的直言进谏、不惧生死；在皇帝无理时，我敬仰董宣的坚守道义、宁死不屈；在皇帝无能时，我敬佩孔明的精诚致义、忠心耿耿。是他们，用柔软的肩膀撑起那铁一般沉重的道义；是他们，撑起了中华民族千百多年的文人精神。故曰："铁肩担道义。"

文人精神是文章的辣手，敢于讽时讽政、讲真话，直抒胸臆。

富兰克林曾言："诚实和勤勉，将会成为你永远的伴侣。"此言不虚。古今文人们从未臣服过强权富贵，以辣手写文章、写真事，讽刺其丑陋而黑暗的背后。君不见，屈原《离骚》之辛辣，恨楚王之昏庸；君不见，鲁迅狂人之悲狂，恨封建之黑暗；君不见，杜甫对时代之哀叹，讽政不加含蓄。他们面对时势，保持着清醒的头脑，不趋炎附会，但却不能为国家尽绵薄之力；且说真话还会招致杀头之罪，但他们不惧！正如杨继盛先生在将死之时也能写出"辣手著文章"一句，可见其从未后悔，一往无前。是他们这样的文人构成了文人精神，使其永葆活力、生生不息。故曰："辣手著文章。"

然反观当下社会，文人精神已然淡化，伴之而来的，则是新时代的冷气。小到个人，大到社会，弄虚作假之风弥盛。鲁迅曾寄言动荡时期的青年："摆脱冷气，向上走。"让弄虚作假之风在我们青年一辈永除，让文人精神永驻。

乘奔击汰，需仁飞云之楫，我们新时代青年更应担起道义，任重而道远，敢于讲出内心的真话。以铁肩辣手，筑文人精神。

【教师简评】

本文十分清晰地阐明了铁肩和辣手及文人精神的关系，论证结构严谨，逻辑清楚，态度鲜明，观点明确，有深度。作者选择从"铁肩"和"辣手"入手，着眼"文人的精神"，角度新，写出了新意。并运用名人名言，十分巧妙地用典型事例如魏征、鲁迅等文人的例子将文章的观点表达得淋漓尽致。并且在立论方面，采用多重事例排比成句的形式，并举正反两方面事例形成对比，以突出文章论点。作者对文章题目理解精确，但缺乏具体事例，且语言白话较多，不精练，仍需要努力。整体来说，不失为一篇佳作。

平肩担道义，庸手著文章

高三（15）班 邹雅琳

平肩亦可分担道义，用平凡之力担当时代伟任；庸手犹当勉著文章，用铿锵笔触书写最美华章。

苔花如米小，也学牡丹开。人虽生而力量微弱，但道义不灭、重担不减，唯有以平凡之力筑就非凡，方能承担社会伟任、献一己之力。

习近平总书记曾言："人的伟大之处在于细微处闪光，国家的伟大成于千万平凡。"从一穷二白的新中国到如今中华民族伟大复兴，正是因为有了万千平凡的力量不吝奉献、担当道义，以平凡之力助推着中华伟大复兴。些微领过时代伟人之光热：景仰王继才王仕花夫妇守卫孤岛三十二年，成就平凡岗位上的非凡佳话；景仰扎根大地的人民科学家钟杨援藏十六年，为国家种质库育一方生机勃勃；景仰扶贫先锋张渠伟，六年坚守扶贫一线，以微薄之力为贫困山区照进曙光……细微处闪光，用平凡的肩膀担当造福人民、承当国家的大任，如此，人生当歌、社会可庆、长路可涉。

也记雷锋教导："如果你是一滴水，就要滋润一片土地；如果你是一线阳光，就要照亮一分黑暗。"一滴水或一束光的力量实属弱小，但在正确的位置上最大限度地发挥作用，便有如喷涌之泉，有似万丈光芒。岳飞举丹心向国，长车踏破贺兰阙；毛润之挽大厦将倾，策马直驱九万里；钱学森抗外房胁迫，一颗骄阳震破大漠云霄；孙家栋少年勤学青年担纲，耄耋之年未伏枥，犹向穹苍寄申请。肩膀单薄又何妨？生而微弱奈我何？若为滴水，便要竭尽每分每毫浇灌沃土；若为微光，便要发光发热耀亮黑暗灼华。坚守本心，气节不改，古今伟人贤才皆若如此，为人生创造佳话，为社会同国家承担道义，拨开云雾，花开月明。

从茹毛饮血的原始社会到如今辉煌的中华文明，是无数平凡之躯以平凡之力推动着历史车轮前进。社会的进步与民族的复兴离不开平肩与庸手世代创造的财富。

平肩担道义，庸手著文章。以单薄肩膀孕育灼华，承担世之道义。用庸手书写华章，创造国之兴盛。

【教师简评】

文章首段开门见山，观点鲜明，以"平肩担道义，庸手著文章"为主题展开议论。总体结构层次清晰，从"平凡创造非凡"的社会价值实现，到"细微处闪光成就国家复兴"的大我精神，情理交融，议论紧凑。同时巧用俗语、名言，恰用从古至今的名人事例，既显古朴艺术之风，又彰显浓厚时代色彩。文章结尾表达希冀，收束有度，紧扣主题，掷地有声。全文语言简洁凝练却又不失力量，逻辑清晰、论述丰富。

诗意地栖居

——《大沽河的水与月》序言

作为一名高中语文教师，教会学生赏析诗歌，是教书的一部分任务。山东人民出版社出版的必修五册和选修《唐诗宋词选读》中所选的诗词，我都要细细地讲解。

要将一首唐诗或宋词给学生讲解透彻，不是一件简单的事，需要做足功课，譬如查阅大量相关的材料，了解社会环境、作者身世、写作背景、诗词格律等，否则很难教会学生鉴赏。于是我就逼着自己去阅读一些相关论著，以补充匮乏的古诗词知识，先后阅读了刘勰《文心雕龙》、叶燮《原诗》、王力《诗词格律概要》、俞陛云《诗境浅说》、吴小如《古典诗文述略》、朱光潜《诗论》、袁行霈《中国诗歌艺术研究》、李渔《笠翁对韵》等书籍，以提升理解诗词之境，增强读诗之感的能力。在研读过程中，我还发现古诗词跟音乐、书画、美学、哲学、汉字等方面息息相关。王维的诗歌是一幅幅图画，"诗中有画，画中有诗"（苏轼语）；柳永是"婉约派"词代表作家，同时精通音律；杜甫"吟安一个字，捻断数茎须"，对字词的斟酌令人陶醉。对音乐，笔者基本是一窍不通，自学很难，只得放弃。书画、美学、哲学、汉字等方面，就买回蒋勋、李泽厚、冯友兰、吕叔湘等大家的著作阅读，虽不能全懂，也略知一二，对理解古诗词有些帮助。

教学过程中，笔者将自己学到的知识教给学生，同时也慢慢地迷上了古诗词，有时会将生活中的感悟或想法用古诗词形式表达出来，如溪水潺潺流，自然顺畅。有时也要求学生写诗填词。我们有了积累，2018年就出了一本诗集（班级内部材料），每个学生都写，不止写一首，有的学生无论古体诗、今体诗都写。序言是学生自己写的，用赋体，我写了后记。出诗集这件事，学生一致兴致高昂，积极参与。比起刷题，这应该是他们高中学习生活中最难以忘记的事。

在这本小书里，虽然录了自己写的一些今体诗，但并不等于会写诗，离写出有诗味、入诗境的诗还有着很大的距离，只能说出诗集是一种有意的尝试，是在传承传统文化方面的一点贡献。

弗吉尼亚·伍尔夫在《怎样读诗歌》里写道："只有当我们自己似乎也想写诗的时候，才是读诗的最佳时机。"用写促读，才能真正地读通诗歌。一味地读，不是最佳读诗时机，或者还不是理解诗歌的最佳动机。假如学生不写只读，那么他们理解的诗歌是浅显的，做诗歌鉴赏题时就得不了高分。读诗，很难深入其内在格律、结构、内容和意境，有"隔"之感。当然，不可否认"读"是前提。

以前，我读王维《使至塞上》"大漠孤烟直，长河落日圆"时，赞叹过，直到自己尝试写诗时，才完全为诗境所震撼。颔联"征蓬出汉塞，归雁入胡天"紧承首联而来，描写作者所见之景——被风刮出汉塞的蓬草和北归进入胡地天空的大雁。颈联继续在写景，承接颔联而来。从颔、颈联写景来看，康震认为此诗是作者在塞外采风之作，不为过。诗人出塞之初，心情并不愉快，"单车"，可见随从不多，这意味着出使塞外不是因为被委派重要事情，也不是被朝廷重用，而是随意被撵出了京都。"单车"，形单影只，像被丢弃的一棵蓬草一样，没有根基，北风一吹，到处流浪，多么落寞、孤寂、凄惨。事实证明，王维的确处于不利之境。开元二十五年（737年）春，河西节度副大使崔希逸在青涤西大破吐蕃军。唐玄宗命王维以监察御史的身份奉使凉州，出塞宣慰，察访军情，并任河西节度使判官，实际上是将王维排挤出朝廷。王维从京城不停向塞外走，已经习惯了京城繁华的景象，等看到"征蓬""归雁""大漠""孤烟""长河""落日"的时候，心灵被震撼了，被辽阔、雄壮、严酷的大漠所征服。诗人不断反思，相比残酷的大自然，自己多么卑微渺小；风沙旋起，茫茫戈壁滩，人的生存和生命，微不足道，更不用说自己的那点伤痛了。诗人心胸豁然开朗。胸襟开阔了，心境高远了，才能吟出绝妙的诗句。如果总是对生活充满怨言和敌意，那么写出的诗，味道肯定不纯真。

今体诗的格律呢？我处于模仿古人的阶段。当然，模仿对于初学者来说，是一条捷径。翻开《唐诗鉴赏辞典》，先解读一两首，以抄书的形式很认真地誊写在本子上。然后照葫芦画了瓢，用诗词形式表达了自己内心的想法。能将严格的格律和完美的内容融合为一体的诗词，令人叹为观止。我一边摹写，一边慨叹。

唐代今体诗，分五言、七言绝句和律诗，最少20字，最多56字。这么少的字数，要表达出尽可能多的信息和情感，非有多种能力不可，思维要无限跳跃，想象要无尽丰富，用字要无比凝练……今体诗呈现在我们眼前的就这么几个字，可是深处有大片"冰山"。我在写《大沽河》"水仗凉夏日，冰筏暖冬天"一联时，最初"暖"字是"热"，后来自己出门买菜，脑中一直回旋着这首诗，一阵风吹来，暖暖的，很惬意，突然悟了，是冬天玩"冰筏"，热，但不会像夏天那样热。将"热"字换成"暖"字，比较好；再者出句对应的是"凉"，对句更应该是"暖"了。以前，总是将贾岛的"推敲"，杜甫的"语不惊人死不休"等用字典故奉为圭臬，现在，从自己写诗的经历来看，是必需的，甚至是做诗填词的前提。

如果我们把生活的瞬间用古诗词形式表述出来，那么离"诗意地栖居"也就不远了。

后 记

刚参加工作时，我心里一直强烈要求自己教好学。所谓的"教好学"，就是提高学生的成绩。怎么提高学生成绩？对这个问题，我不停思考，不断实践，在"教"上下足功夫。

怎么教？初登讲台，真不知从何教起。大学里曾上过教学法之类的课，但理论归理论，实践操作可就难了。我很幸运，遇到了王世智、任敦光、郭健等教学经验丰富的教师。我常常听完他们的课，就直接"拿来"教给自己的学生，像一位搬运工。除了认真听课、向老教师虚心请教，还在读书上下功夫。我知道自己读书太少，所知甚窄，就经常到学校图书室看书。那时，学校图书室是几位快要退休的老教师在管理，他们对青年教师爱护有加。我教学遇到什么难题，就向他们请教。钟兆敏老师爱说话，聊图书、聊教学，还推荐我买学校图书室没有的语文教学必需的书籍，诸如沈蘅仲《知困录——中学文言文备课札记》、张福庆《唐诗美学探索》等。在钟老师要退休离校那天，我去图书室想再跟他说说话，他送给我一张纸片，上面工整地写了一首小诗："宣父当年畏俊生，雏凤清于老凤声。十载春秋磨一剑，教坛谁人敢争锋！"落款日期是1998年11月17日。这么多年过去了，我不时拿出钟老师这首小诗读一读，每读一次，都会受到鼓舞。

从教八年，一直处于"教好学"这种状态，很得意。

2002年，课改之风吹遍整个语文界，到2003年《普通高中语文课程标准（实验）》正式颁布实施。参加各类培训之后，自己有了教研意识，从此，教学进入第二阶段，即教研"朦胧阶段"。课堂生成的教学片段、学生思想碰撞的火花，课后尽可能记录下来；对山东人民出版社出版的必修教材的编写，提出自己的一些看法；选修课课程怎么安排、课型有哪些分类，思考并实践；细读文本，对同一文本，能够从主题、语言、手法等不同角度进行品读赏鉴。

在教研过程中，我强烈地感到：自己的教育教学理论知识严重不足。

2007年，我报考了聊城大学在职研究生。2007年至2010年三年时间里，我比较系统地学习了教育教学理论知识，并有机会向高校名家贤师请教。于源溟教授渊博的知识，隋清娥教授细腻的讲解，李冲锋教授严密的逻辑、深入浅出的讲解，都令我印象深刻。李冲锋教授是我的导师，其严谨的学术态度、高超的教研能力，令我敬佩。是李老师引领我走上教研之路，给予我学术启蒙。在聊城大学学习期间，我开始反思自己的语文教学工作，并大量阅读教学领域之外的哲学、美学、逻辑学等范畴的报刊书籍；坚持写作古体诗、教学故事、教学论文等，并于2017年出版了古体诗专著《大沽河的水与月》。

2010年硕士毕业至今，是我教学的第三个阶段，教研"自觉阶段"，这个阶段我的教学思想发生了很大变化。我意识到："教好学"是基本点，更应研究"如何学"，要突出教师"教"的主导地位和学生"学"的主体地位，把"立德树人"放在首位，关注学生的健康成长。《普通高中语文课程标准》（2017年版）的出版，更加坚定了我的教学想法。于是，把教材单篇进行整合，以专题形式教学，拓宽学生知识面，发展学生逻辑思维，使其能有理有据地表达自己的观点和阐述发现；以课题带动教学，2017年至2018年两年申报并开展三个课题的研究；进行整本书阅读，引领学生在高一、高二两年内自主阅读讨论《红楼梦（前八十回）》《月亮与六便士》《国粹》三本书；开通公众号"思辨性写作"，发表学生作品，以激发他们创作热情。

笔者在这本书中力图呈现自己自2003年以来关于阅读教学和写作教学两方面的实践和思考，十五六年教学中的所作所为、所思所感。书稿完成后，到底起个什么书名，我却犯了难。不停地琢磨中，我突然认识到：书稿所有内容都是来自教学现场，何不就叫《我在语文现场——积淀与反思》。后来请教恩师李冲锋，他建议：将"积淀与反思"去掉，既然书名是"语文现场"了，就没必要再添加其他的解释。我也赞同。

在整理书稿的过程中，脑海不断浮现多年来给予我指引和帮助的良师益友，没有他们的鼓励，就不可能有这本书的出版。请允许我在这里致以诚挚的谢意。

吴新财老师，著名作家。如果没有吴老师的帮助，这本书就不会顺利出版。出书一事，我曾犹豫过，对自己的知识储备、语言表述等方面，没有自信。吴老师说："没有一本书是完美无缺的，如果修改到'完美'再出版，那修改十年也未必能改好。我出了十本书，每一本总有一些遗憾。"吴老师的话语，让我些许安慰，鼓起勇气付诸行动。

感谢城阳区教研室王梅文主任、原高中语文教研员崔志钢老师（现为青岛市小学语文教研员）、现高中语文教研员邵先浩老师，没有他们的肯定和支持，就没有我在教研中的反思和践行。

城阳一中，百年名校，有着丰厚的人文底蕴和学术研究氛围。自从大学毕业，我就一直在此工作，教研成绩的取得离不开城阳一中这个平台。感谢学校领导，有了他们的支持与帮助，我的语文教研之路才日益宽广；感谢语文组全体同仁，有了他们的包容和帮助，我的语文教学生活才温馨顺畅；感谢我的学生，是他们的激情和优秀，迫使我不断努力。

崔秀珍老师、陈巧英老师、宋成宝老师、刘同曦老师、王战道老师、李有增老师，他们是我小学到高中的班主任或语文老师，如果没有他们的谆谆教诲，就没有我现在的进步，感谢恩师！

感谢家人的关爱，特别是父母双亲。母亲不识字，很苦闷，就教导我要努力识字；父亲在闲暇时会读一读我写的文字，偶尔跟我聊一聊。是家人的关爱，让我有了努力的勇气和力量！

2020年4月14日
于城阳万科魅力之城